Matis/Stiefel

•

Österreich 2010

Herbert Matis / Dieter Stiefel (Hrsg.)

Österreich 2010

Die wirtschaftliche und soziale Zukunft unseres Landes

LINDE
POPULÄR

Bibliografische Information Der Deutschen Bibliothek

Die Deutsche Bibliothek verzeichnet diese Publikation in der Deutschen Nationalbibliografie; detaillierte bibliografische Daten sind im Internet über http://dnb.ddb.de abrufbar.

ISBN 3-7093-0050-9

Es wird darauf verwiesen, dass jeder Beitrag ausdrücklich die Meinung des Autors darstellt.

Umschlag: AG MEDIA GmbH

LINDE VERLAG WIEN Ges.m.b.H., Wien 2004

1210 Wien, Scheydgasse 24, Tel.: 0043/1/24 630

www.lindeverlag.at

Druck: Hans Jentzsch & Co. GmbH., 1210 Wien, Scheydgasse 31

Inhalt

Herbert Matis & Dieter Stiefel

Projektionen in die Zukunft – Österreich 2010

„Das einzig Beständige ist der Wandel!“ Diese Feststellung stimmt in dieser apodiktischen Form natürlich nicht ganz. Es gibt Zeiten, in denen Veränderungen kaum spürbar sind, und dann wiederum solche, in denen Wirtschaft und Gesellschaft eine derartige Dynamik entwickeln, dass diese nicht nur überrascht, sondern mitunter sogar als beängstigend empfunden wird. In einer solchen Zeit leben wir offensichtlich heute.

Seit etwa den 1980er Jahren hat die Entwicklung auf praktisch allen Gebieten ein derart rasantes Tempo eingeschlagen, dass dadurch unsere Lebensbedingungen und Zukunftserwartungen weitgehend verändert wurden – Schlagwort „Globalisierung“, „Privatisierung“, „Entstaatlichung“ usw. Manche gesellschaftlichen Gruppen forcieren diese Entwicklungen, da sie in ihrem Interesse zu sein scheinen, andere versuchen sie hingegen einzudämmen und „bunkern“ sich sozusagen ein, um die bisherigen Strukturen zu verteidigen. Wegen der Radikalität, nun mit einem Schlag alles neu gestalten zu wollen, könnte man diese Vorgänge fast schon als „revolutionär“ bezeichnen. Revolution kann dabei im ursprünglichen Sinne als „Umwälzung“ verstanden werden, was zumeist aber nicht mit einem einzigen dramatischen Bruch mit der Vergangenheit, sondern mit kumulativen Veränderungen verbunden ist. In diesem Sinne sind etwa die „industrielle Revolution“ des 19. Jahrhunderts oder die „Informationsrevolution“ des ausgehenden 20. Jahrhunderts als revolutionäre Veränderungen zu verstehen. Doch Revolution bedeutet auch nicht einen ständigen Wandel, sie ist per definitionem immer zeitlich begrenzt und mündet letztlich in eine neue politische, gesellschaftliche und wirtschaftliche Struktur und Qualität.

Dieser Ansatz liegt dem vorliegenden Band zugrunde. Dabei werden nicht nur die Veränderungen registriert, sondern es ergeben sich daraus auch weiterführende Fragen: Wohin führen alle diese Reformen und Veränderungen, die wir seit einigen Jahren erleben, in denen wir mitten drinnen stehen und die uns rational und emotional so intensiv beschäftigen? Der Zeitpunkt für eine solche Betrachtung scheint gut gewählt, denn viele neuen Strukturen zeichnen sich bereits deutlicher ab. Sie können durch die politischen und wirtschaftlichen Akteure zwar durchaus noch in die eine oder andere Richtung beeinflusst werden, und die Reformen können klug oder weniger klug durchgeführt werden. Aber an den bereits geschaffenen „Sachzwängen“ kommt letztlich niemand vorbei, und auch in einer veränderten politischen Konstellation wird und kann man die meisten Reformmaßnahmen wohl gar nicht mehr zurücknehmen.

Wenn auch der Weg im Einzelnen noch nicht ganz klar erscheinen mag, so zeichnet sich das Ziel doch bereits ab. Bezogen auf Österreich sollten diese Zielvorstellungen deutlicher akzentuiert werden; dementsprechend haben wir kompetente und prominente Fachleute eingeladen, ihre konkreten Vorstellungen zur wirtschaftlichen und sozialen Zukunft Österreichs in den nächsten fünf bis sechs Jahren zu artikulieren, nicht als Utopie oder Wunschvorstellung, sondern als mögliche Realität. Das Jahr 2010 markiert dabei keine besondere Zäsur, sondern steht bloß für einen überschaubaren Zeitabschnitt und damit für eine plausible Zukunft sowie für die letztlich grundsätzliche Frage: Wohin gehen wir in den nächsten Jahren? Das führt uns zwangsläufig zu weiteren Fragen: Woher kommen wir? (Die Frage: Wer sind wir? wollen wir anderen Fachleuten überlassen.) Warum sind diese Veränderungen und Reformen anscheinend gerade jetzt und in diesem Ausmaß notwendig?

Wer über die Zukunft reden will, muss auch über die Vergangenheit nachdenken: Neue Strukturen entstehen keinesfalls aus dem Nichts. Nur wer die bisherigen Trends kennt, kann eine Vorstellung über die künftige Entwicklung haben. Dabei wird man zweckmäßig zwischen endogenen und exogenen Faktoren unterscheiden: Was von unseren Problemen – die zumeist auch Möglichkeiten sind – ist hausgemacht und was ist „von außen" auf uns zugekommen, auch wenn sich dies in der Realität nie so klar unterscheiden lässt? Als exogen kann man alles betrachten, was mit der wirtschaftlichen und politischen Öffnung Österreichs zusammenhängt und zumeist unter den Schlagworten „Liberalisierung", „Internationalisierung", „Globalisierung" diskutiert wird. Österreich war nach dem Zweiten Weltkrieg ein kleines Land mit eher provinzieller Grundhaltung. Seine Wirtschaft war geschützt, geregelt und weitgehend abgeschlossen. Als charakteristisches Symptom dafür sei ein Hinweis auf die Studiensituation an der führenden wirtschaftlichen Ausbildungsstätte des Landes gestattet: In den 1960er Jahren gab es an der damaligen Hochschule für Welthandel eine Studienreform, wonach Fremdsprachen im Curriculum der künftigen Wirtschaftsakademiker nicht mehr verpflichtend vorgeschrieben waren! (In den 1970er Jahren wurde dies dann wieder aufgehoben.) Die Öffnung Österreichs geschah in mehreren eher unspektakulären Schritten, unter anderem durch den Beitritt zu internationalen Institutionen (GATT, IWF, EFTA, Assoziationsvertrag mit der Europäischen Gemeinschaft). Parallel dazu belebte sich die Exporttätigkeit, die Erfolge der österreichischen Wirtschaft wurden immer beachtlicher, und das Land erzielte Wachstumsraten, mit denen es mit an der Spitze der Industriestaaten stand. Dadurch schlug auch der Einfluss von internationalen Entwicklungen auf unser Land immer stärker durch.

Österreich wurde immer mehr in die Weltwirtschaft integriert und konnte sich damit auch von den vorherrschenden wirtschaftspolitischen Paradigmen nicht abkoppeln. So stellte etwa der – anfangs hier zu Lande eher belächelte – Neoliberalismus, der über die USA (*Reagonomics*) und England (*Thatcherismus*) nach Europa übergriff, ab den 1980er Jahren auch die traditionelle Konsenspolitik, die auf der Einrichtung der österreichischen Sozialpartnerschaft beruhte, zunehmend in Frage. Das Ende der verstaatlichten Industrie und die weit darüber hinausgehenden Privatisierungsbestrebungen seither sind Erscheinungen, die zunächst durch die zunehmende internationale Verflechtung Österreichs zu erklären sind. „Das Ende der Gemütlichkeit" kam letztlich für alle sichtbar und spürbar mit dem Beitritt Österreichs zur Europäischen Union, den Maastricht-Kriterien, der Einführung der Euro-Währung und der Ostöffnung. Nun ist Österreich Teil einer wirtschaftlichen und in gewissen Grenzen auch politischen und gesellschaftlichen Gemeinschaft von fast 400 Millionen Europäern. Der Weg vom Österreicher zum Europäer erfordert aber erhebliche Anpassungen und Reformen auf praktisch allen Gebieten. In diesem Prozess stehen wir noch mitten drinnen und hierüber handeln die spezifischen Beiträge in diesem Buch.

Doch gibt es durchaus auch endogene Ursachen für den Veränderungsdruck: Auch die österreichische Gesellschaft, Politik und Wirtschaft haben in ihrer Entwicklung seit 1945 ein Stadium erreicht, wo eine „Renovierung", verbunden mit einem teilweisen Umbau, dringend erforderlich erschien. In der ersten Phase der Nachkriegszeit – bis etwa in die 1970er Jahre – hat sich Österreich in seiner Kleinstaatlichkeit durchaus sinnvoll und in vielen Bereichen effizient eingerichtet. Sozialpartnerschaft, verstaatlichte Wirtschaft, Wohlfahrtsstaat und das über weite Strecken bestehende politische System der großen Koalition brachten den Österreichern gleichermaßen Sicherheit und wirtschaftlichen Wohlstand. Es war eine Zeit, in der man stolz auf das Erreichte sein durfte und sich durchaus zufrieden zurücklehnen konnte. Damit waren auch keine Ursachen für große Veränderungen erkennbar. Doch „Zufriedenheit" und „Stillstand" sind schon fast ein Widerspruch in einer kapitalistischen marktwirtschaftlichen Ordnung, die laut Joseph A. Schumpeter ihrem Wesen nach durch einen „Prozess der schöpferischen Zerstörung" gekennzeichnet ist.

Natürlich gab es auch in dieser Ära der „konsensualen Politik" Probleme, aber diese löste man im Rahmen der bestehenden Strukturen, zumeist durch Erhöhung des Einsatzes von Mitteln. Es gibt in der Geschichte seit Arnold Toynbee die Vorstellung von *„Challenge and Response"*, nämlich dass auf Herausforderungen erst dann eine Antwort gefunden wird, wenn die alten Problemlösungen nicht mehr funktionieren, bzw. dass erst auf neue Herausforderungen neue Antworten gefunden werden. Dementsprechend werden alle Probleme vorerst auf der Grundlage der bestehenden Technologie oder mit dem vorhandenen Know-how angegangen, und bei großen Problemen wird einfach der Einsatz der Mittel erhöht. Erst wenn man damit an seine Grenzen stößt, passieren Innovationen und man gelangt zu völlig neuen Lösungen. Auch in Österreich wurden etwa die Probleme des Gesundheitswesens, des Pensionssystems oder der Universitäten so „gelöst“, dass man Schwierigkeiten einfach dadurch zu begegnen suchte, dass man den Einsatz der Mittel innerhalb der bestehenden „Technologie“ erhöhte und bei kleinen Problemen geringere Mittel, bei großen Problemen eben entsprechend höhere Mittel einsetzte. Der gegenwärtige Reformdruck ist daher nicht Ausdruck dafür, dass wir heute „ärmer“ sind als vor 20 oder 30 Jahren, sondern dass der Mitteleinsatz in den bisherigen Strukturen an seine Grenzen angelangt ist, auch für eines der wohlhabendsten europäischen Länder. Das erfordert Innovationen, neue Technologien oder neue organisatorische Kombinationen, wobei nur zu hoffen ist, dass die derzeitigen und noch kommenden Reformen tatsächlich solche Innovationen sind.

Die Erkenntnis, dass wir heute mit globalen Herausforderungen konfrontiert sind und auch in Österreich selbst angesichts drastisch veränderter Umfeldbedingungen systemische Veränderungen notwendig sind, war für uns Anlass, eine Reihe von Experten aus verschiedensten Bereichen um eine Stellungnahme zu bitten, wie sie aufgrund ihres persönlichen Erfahrungshorizonts die Entwicklung in den nächsten Jahren beurteilen (wobei darauf hinzuweisen ist, dass selbstverständlich jeder einzelne Beitrag ausdrücklich die Meinung des Verfassers darstellt). Veränderungen in den Umfeldbedingungen kann man einerseits reaktiv und andererseits auch proaktiv begegnen. Die möglichen Handlungsspielräume auszuloten war eine weitere Aufgabe, der wir uns dabei zu stellen versuchten. Zukunftsprognosen sind naturgemäß mit großer Unsicherheit behaftet, selbst wenn sie sich auf eine kurze Periode beziehen. Die Entwicklung wird weisen, inwieweit sich die Befunde in der Realität wiederfinden werden.

Die Beiträge sind aus einer Tagung der Schumpeter Gesellschaft unter dem Titel: „Österreich 2010 – Projektionen in die Zukunft“ hervorgegangen. Wir beabsichtigen, im Jahr 2010 diese Projektionen mit der tatsächlichen Entwicklung zu vergleichen.

Wien, im Herbst 2004 Die Herausgeber

Franz Vranitzky

Österreich und die Europäische Union

Wir alle haben tagtäglich mit Europa zu tun – politisch, organisatorisch, wirtschaftlich, institutionell. Es ist ein fixer Bestandteil unseres Lebens, und doch hört man oft „Was aber ist dieses Europa?". Diese Frage betrifft den Erweiterungsprozess. Wo endet Europa? Geografisch, kulturell? Sie betrifft aber auch die „in Schwung gekommene" Auseinandersetzung mit den Nordamerikanern.

Das Bild von Europa, das sich uns heute darbietet, ist jedenfalls ein sehr viel anderes als der Mythos von der schönen jungen Frau, derentwegen selbst ein Gott zum Stier werden wollte. Und dennoch scheint dieses Europa häufig auf der Grundlage von Mythen entstanden zu sein. Es ist geografisch nicht wirklich abgrenzbar. Es ist historisch nicht eingrenzbar – weil eben auch Neuseeland oder Südafrika, Israel oder Buenos Aires europäisch geprägt sind, weil wiederum dieses Europa seine Wurzeln im alten Ägypten, in Griechenland und in Rom hat und weil ein guter Teil der globalen Kulturgeschichte von der europäischen Mutter geprägt ist.

Europa ist allerdings nicht beliebig. Es ist eine Einheit aus gemeinsamer Geschichte und gemeinsamen Erfahrungen. Wie immer blutig und gewalttätig diese gewesen sein mögen: Es ist ein gemeinsames Kulturverständnis, das sich von jenem der anderen Teile der Welt unterscheidet und eine nachvollziehbare Entwicklung genommen hat. Übergreifende Zusammenschlüsse und Friedensaktionen auf der Weltbühne haben zwar ihren prominenten Platz in der Geschichte, ihr segensreiches Wirken ist aber von der realen Entwicklung immer wieder relativiert oder gar überrollt und ausgelöscht worden. Das Modell der europäischen Integration aber hat eine gute Chance, nicht wieder ausgelöscht zu werden. Deshalb ist es von so großer, weit über den Tag, weit über das Jahrhundert hinausgehender Bedeutung. Und deshalb ist das Modell ein zutiefst politisches. Einige Autoren haben schon begonnen, Nachrufe auf die Globalisierung zu schreiben. Zu Recht oder zu Unrecht. Für uns bleibt die Frage im Raum stehen, was wir in jedem der beiden Fälle mit unserem Integrationsmodell machen und welche Reden wir darüber im Jahr 2010 halten werden.

Schreiten wir von der Vergangenheit in die Zukunft und bleiben wir uns der zwei Gesichter des 20. Jahrhunderts bewusst. Die Europäer wurden noch vor der Mitte des 20. Jahrhunderts von einem der größten Verbrechen, die Menschen treffen können, heimgesucht: dem Zweiten Weltkrieg. Kluge und weit blickende Köpfe sahen schon in den 40er Jahren des vergangenen Jahrhunderts ihre Verantwortung für die Zukunft darin, alles nur denkbar Mögliche vorzukehren, um eine solche Tragödie nie wieder zuzulassen: Der Keim für das europäische Integrationswerk war gelegt. Die gar nicht so abwegigen Befürchtungen, ein Dritter Weltkrieg könnte entstehen, wurden eindeutig in die Schranken gewiesen.

Zu Beginn des dritten Jahrtausends stehen wir Europäer wieder vor einer kolossalen Herausforderung: Was erwarten wir von den Völkern, die vor mehr als einem Jahrzehnt das kommunistische Joch abgeworfen haben? Welche Chancen bieten wir ihnen, sich am Integrationswerk, also an einem gemeinsamen Europa des Friedens, der Wohlstandsmehrung, der persönlichen Sicherheit und der Lebendigkeit ethnischer und kultureller Freiräume zu beteiligen? Und: Wie gehen wir damit um, unsere Bevölkerungen – also die in den 15 „westlichen" EU-Staaten, immerhin sind es 340 Millionen – dafür zu gewinnen?

In einer Gemengelage aus Meinungen und Gefühlen, Forderungen und Abwehrhaltungen, Hoffnungen und Enttäuschungen hört man nicht selten die Aufforderung: „Europa, so handle doch!"

Wohl wahr. Allerdings landet man nach genauerer Betrachtung bei der banal erscheinenden, aber eben unausweichlichen Schlussfolgerung: Wenn die Erweiterungsaufgabe in allen beteiligten Ländern nicht innenpolitisch vorbereitet und gelöst wird, wird sie gar nicht gelöst. Irgendwelche selbsttätige Mechanismen gibt es nicht.

Die drei bedeutsamen Dimensionen der Erweiterung sind ökonomischer, politischer und kultureller Natur.

1. Die wirtschaftliche Dimension

Vorbehalte in den „alten" EU-Mitgliedsstaaten gründen sich oft auf die Befürchtung, die eigene Wettbewerbsfähigkeit würde durch die geringen Einkommen der Beitrittsländer des Jahres 2004, ihre niedrigen Sozialstandards und die Nichtbeachtung der bei uns üblichen Umweltnormen untergraben. Anpassungs- und Übergangsfristen sowie Schutzklauseln bei ernsthaften Störungen auf dem Arbeitsmarkt werden diese Bedenken berücksichtigen.

Weil allerdings die so genannte Ostöffnung zum Beispiel der österreichischen Wirtschaft so beträchtliche neue Chancen bot, ohne dass unsere Nachbarländer schon EU-Mitglieder waren, halte ich es schon aus Eigennutzgründen für erforderlich, diese Chancen verstärkt wahrzunehmen.

Seit 1989 haben wir Österreicher mit unseren Nachbarländern in Mittel- und Osteuropa einen Handelsbilanzüberschuss von 15 Mrd. Euro erwirtschaftet. Österreichs Wirtschaft wäre im letzten Jahrzehnt bedeutend langsamer gewachsen, wäre es uns nicht geglückt, unsere Exporte nach Osteuropa um 600 Prozent zu steigern. Im Vergleich dazu betrug der Zuwachs gegenüber dem Rest der Welt 160 Prozent. Und folgt man den Zahlen des österreichischen Wirtschaftsforschungsinstituts, so wird die Osterweiterung von 2004 bis 2006 für jeden Österreicher ein Wohlstandsplus von 125 Euro pro Jahr erbringen. Dagegen sind die Kosten der Erweiterung, das heißt die tatsächlich in diesen Jahren fließenden Transfers abzüglich der Beiträge der neuen Mitgliedsstaaten mit 10 Euro pro EU-Bürger gering. Ein wohl bescheidener Beitrag, verglichen mit den positiven Effekten für Österreich.

Trotz Wirtschaftskrise hat Österreich seine Rolle als einer der wichtigsten Investoren in Mittel- und Osteuropa deutlich ausbauen können. 2002 gingen bereits 70 Prozent (oder 4 Mrd. Euro) der gesamten österreichischen Neuinvestitionen im Ausland nach Osteuropa. Spitzenreiter war hier Bulgarien mit 900 Mio. Euro, gefolgt von Tschechien (800 Mio. Euro) und Polen (700 Mio. Euro). Erst auf dem vierten Platz kommt mit Deutschland ein „altes“ EU-Mitglied.

In den vergangenen 13 Jahren seit der Ostöffnung ist die Zahl der Menschen, die in den Beitrittsländern für österreichische Unternehmen arbeiten, von 30.000 auf 270.000 gestiegen. Der Marktanteil Österreichs in den neuen Mitgliedsstaaten wird in den kommenden Jahren nicht zu halten sein, österreichische Unternehmen werden aber weiterhin erwähnenswerte Zuwachsraten verzeichnen können. Mit dem EU-Beitritt im Jahr 2004 werden auch viele Konkurrenten auf den fahrenden Zug aufspringen. Aber das ist ein Zeichen für einen reifenden Markt. Auch in Österreich haben die Direktinvestitionen (aus anderen Ländern) erst mit dem EU-Beitritt 1995 begonnen, sich dem EU-Schnitt anzunähern.

Ohne Zweifel haben die Neuen in der EU in den letzten Jahren in beeindruckender Weise ihre Volkswirtschaften modernisiert. Die Staaten Mittel- und Osteuropas konnten zwischen 1997 und 2002 ihr Wohlstandsniveau (gemessen in US-Dollar) um ganze 28 Prozent steigern. In keiner anderen Entwicklungsregion der Welt ist der Wohlstand so stark gestiegen: Im Vergleich dazu sank das Wohlstandsniveau in Südamerika im selben Zeitraum um 13 Prozent.

Dennoch ist das Gefälle zwischen den Beitrittsländern des Jahres 2004 und den bisherigen 15 EU-Staaten nach wie vor beträchtlich. Dies fällt vor allem entlang weiter Teile der Grenzen zur EU auf. Dadurch wird auch die Sorge vieler Menschen in den Grenzregionen verständlich, weil es nach der Öffnung des Binnenmarkts zu einer Verschärfung des Wettbewerbs, zu unkontrollierter Wanderung und damit zu Problemen auf dem Arbeitsmarkt kommen könnte. (77 Prozent der österreichischen Beschäftigten leben in einem für Arbeitnehmer aus den Beitrittsländern leicht erreichbaren Grenzraum.)

Die an die EU angrenzenden Regionen der Beitrittsländer haben schon seit der Öffnung von ihrer Lage profitiert. Nicht nur das durchschnittliche Pro-Kopf-Einkommen ist deutlich höher als der jeweils nationale Durchschnitt, sondern auch eine relativ gute Infrastruktur und niedrige Arbeitskosten haben zu Marktanreizen und zu verstärkter Investitionstätigkeit beigetragen. Dazu haben diese Regionen weitere Vorteile aus wachsendem Handel und Fremdenverkehr gezogen. Die Statistik gibt keinen Hinweis darauf, dass sich diese Öffnung negativ auf die österreichischen Grenzregionen ausgewirkt hätte.

Ich erinnere daran: Im Jahr 1986 traten Spanien und Portugal der damaligen EG bei. Befürchtungen wurden geäußert, nun würden die Arbeitskräfte aus diesen Ländern die EG überschwemmen. Das Gegenteil war der Fall. Es fand eine Rückwanderung von Arbeitskräften in ihre Heimat statt, da die meisten dort nunmehr bessere Perspektiven für die Zukunft fanden.

Im Hinblick auf die neuen Mitglieder schätzt man, dass die Zuwanderung – langfristig gesehen – ein Ausmaß von etwa 1 Prozent des Arbeitskräftepotenzials der EU erreichen dürfte. Angesichts der rasanten Veränderungen in der Gesellschaft mehren sich sogar die Stimmen, die eine verstärkte Zuwanderung fordern, da diese dazu beitragen kann, die negativen Auswirkungen sinkender Bevölkerungszahlen und der Überalterung auf den Lebensstandard und die Haushaltsdefizite in den EU-Mitgliedsstaaten zu mildern.

Mit dem Beitritt erhalten die neuen acht osteuropäischen Staaten (östliches Mitteleuropa plus baltische Staaten) Chancen, die sie bisher nicht hatten. Von Beginn der 90er Jahre an waren es österreichische Betriebe, die sich an den Privatisierungen erfolgreich beteiligen konnten. Positive Effekte dabei: Sämtliche Direktinvestitionen halfen den heimischen Unternehmen, ihren Österreich-Standort abzusichern.

Mit dem EU-Beitritt gilt EU-Recht auch bei den Nachbarn. Österreich verliert dadurch einen Wettbewerbsvorteil. Es wird also anderer Anreize bedürfen, um die Osteuropa-Zentralen von (international agierenden) Unternehmen in Österreich zu halten. Eine restriktive Ausländerpolitik und große Schwierigkeiten, Ausländern eine Arbeitsbewilligung zu beschaffen, könnten sich bald als Standortnachteil herausstellen.

Thema Stabilitäts- und Wachstumspakt: Für uns Europäer wird es eine der wichtigsten Aufgaben der Zukunft sein, ob und wie die Europäische Union ihr Gesellschaftsmodell einer sozialen Demokratie unter den globalen Bedingungen behaupten und weiterentwickeln kann. Dabei geht es selbstverständlich um eine von den Bürgern der EU mitgetragene und daher auch glaubwürdige Strategie der Modernisierung und der Innovation im wirtschaftlichen, technologischen, aber auch im staatlichen und sozialen Bereich.

Europas Voraussetzungen für Wirtschaftswachstum sind besser als früher, weil notwendige Strukturreformen inzwischen begonnen worden sind. Allerdings fehlt es im Moment an europäischer Binnennachfrage. Der ehemalige Generaldirektor des Internationalen Währungsfonds und jetzige deutsche Bundespräsident Horst Köhler plädierte für eine situationsangepasste Anwendung des Stabilitätspakts. Weltweit bestehen derzeit beträchtliche Ungleichgewichte in den Außenwirtschaftspositionen zwischen den USA, Europa und Ostasien. Die USA haben ein hohes Defizit in der Leistungsbilanz, die EU dagegen macht, so wie wichtige Länder Ostasiens, außenwirtschaftlich Überschüsse. Nun neigen allerdings EU-Länder wie Deutschland oder Österreich dazu, immer dann, wenn die Wirtschaft schlecht läuft, ihre Hoffnungen in besonderem Maß auf ein Ankurbeln des Exports zu setzen. Das ist *a priori* nicht verkehrt, aber ich stimme Köhler zu, wenn er meint, dass die genannten internationalen Ungleichgewichte behutsam zurückgeführt werden müssen, um die Gefahr eines „Dollar-Crashs“ hintanhalten zu können.

Faktum ist, dass die Weltregionen außerhalb der USA derzeit nicht genug Binnenwachstum aufweisen. Wenn man allerdings die Staatsdefizite in den Sündenländern Frankreich und Deutschland – wie auch vom österreichischen Finanzminister gefordert – binnen Jahresfrist unter die 3-Prozent-Defizitgrenze von Maastricht zu drücken versucht, dann kann dies sogar das Gegenteil des Gewünschten – nämlich eine konjunkturelle Dämpfung – bewirken.[1]

[1] Siehe dazu auch Prof. Helmut Kramer (WIFO), in: *Der Standard* vom 12. November 2003.

Ich halte daher den Vorschlag der EU-Kommission für vernünftig, die jetzt von den Mitgliedsstaaten verlangt, dass sie das so genannte „strukturelle Defizit“ in ihren Haushalten Jahr für Jahr mindestens um einen halben Prozentpunkt abbauen. Der Stabilitätspakt kann also in seiner Substanz erhalten werden, wenn in Europa jetzt mutige Strukturreformen für mehr Flexibilität auf dem Arbeitsmarkt und eine verbesserte Wettbewerbsfähigkeit der Wirtschaft durchgeführt werden. Um Österreichs Wirtschaft wettbewerbsfähiger zu machen, wünsche ich mir die Forcierung von Forschung und Entwicklung sowie die Stärkung des Wettbewerbs in Bereichen, die noch geschützt scheinen (Gewerbeordnung, freie Berufe, E-Wirtschaft).

2. Die politische Dimension

Die Fortentwicklung der wirtschaftlichen Gemeinschaft zur politischen Union ist bereits im Vertrag von Rom 1957 niedergeschrieben. Mindestens ebenso wichtig wie tagesaktuelle ökonomische Fragen ist, wie die erweiterte Union künftig funktionieren soll. Es gilt zu verhindern, dass die EU an ihrer eigenen Unregierbarkeit scheitert. Außerdem geht es um eine ausgewogene Machtverteilung in der ersten „supranationalen Demokratie“, zu der sich die EU laut dem ehemaligen Kommissionspräsidenten Romano Prodi entwickeln soll.

Die politische Kernfrage lautet: Ist der Erweiterungsprozess mit der institutionellen und politischen Vertiefung der Union vereinbar? Die großen politischen Gesinnungsgemeinschaften im EU-Konvent und dessen Präsident Valéry Giscard d'Estaing haben einen Entwurf für eine künftige Verfassung Europas vorgelegt. Ein Grundkonsens zeichnet sich in folgenden Fragen ab: Stärkung der demokratischen Legitimität, indem der Kommissionspräsident künftig vom Europäischen Parlament gewählt werden soll. Abschaffung des Einstimmigkeitprinzips im Ministerrat. Gemeinsame Außen- und Sicherheitspolitik: Die Doppelgleisigkeit zwischen Kommission und dem Hohen Vertreter soll beendet werden. Mindestens sechs der 25 EU-Länder werden die neue Verfassung einer Volksabstimmung unterziehen. Ein einziges Nein wird das Projekt stoppen und eine Krise der Union auslösen – wie zuletzt beim Ausbremsen des Nizza-Vertrags durch die Iren. Vor allem kleine

Länder fürchten einen Verlust von Einfluss in den EU-Institutionen und weiteren Machtzuwachs für die großen Partner wie Deutschland und Frankreich.

Dennoch: Das kleinliche Gezänk um einzelne Politikbereiche, das Aufschieben der internen Reformen seit Jahren, der heftige Streit innerhalb der EU über den Umgang mit der Türkei, hinter all dem sich ein riesiger Mangel an Strategie verbirgt, machen deutlich: Die eigentliche Arbeit – nicht nur an der Erweiterung – beginnt erst. Eine Zeitspanne bis zum Jahr 2010 dafür muss nicht einmal als übertrieben lang angesehen werden.

So komplex der Erweiterungsprozess ohnehin ist, so wenig darf die weitere Zusammenarbeit mit der Türkei vernachlässigt werden. Hier ist der gute Mittelweg zu gehen zwischen dem Einfordern von Verhalten und Reformen durch die Türken und dem „Nicht-im-Stich-Lassen" der Türken. Ich sage das auch unter dem Eindruck – oder gerade deswegen –, dass in der gegenwärtigen Diskussion das christliche Erbe Europas (über-)betont wird. Wenn ich zu Beginn die ägyptischen, griechischen und römischen Wurzeln unseres Kontinents erwähnte, so möchte ich nun auch die jüdischen und muslimischen Einflüsse auf unsere Kultur nicht unerwähnt lassen.

Für die Türkei gilt übrigens das Gleiche wie für alle anderen Beitrittskandidaten: Sie muss die für eine Aufnahme festgelegten politischen und wirtschaftlichen Kriterien zu hundert Prozent erfüllen (Kopenhagen-Kriterien von 1993). Eine Abkoppelung von diesem oder jenem Bereich wird ebenso wenig zu akzeptieren sein wie umgekehrt eine Rücknahme der Beitrittsperspektive. Diese wurde der Türkei vom Europäischen Rat 1999 in Helsinki in Aussicht gestellt und dem Land somit der Status eines Beitrittskandidaten verliehen.

Für Europa gibt es auch keine Alternative zu einer abgestimmten Strategie für die weitere Entwicklung einer Partnerschaft (nicht Mitgliedschaft) mit Russland, Belarus und der Ukraine: ständiger Dialog von Gleich zu Gleich, begleitet von einer dosierten Wirtschaftskooperation, die an Reformvorgaben und an den Aufbau eines soliden Rechtsstaats gebunden ist. Die Antwort auf die Risiken, die durch und während des Demokratisierungsprozesses drohen, kann natürlich nicht die Verhinderung von Demokratisierung sein.

Wenn es auch noch Jahre dauern wird, bis Frieden und Stabilität auf dem Gebiet des ehemaligen Jugoslawien und in Albanien hergestellt werden können, und die Aufnahme dieser Länder in die EU – mit Ausnahme Sloweniens und Kroatiens – nur ein Fernziel sein kann, muss es doch im eminenten strategischen und wirtschaftlichen Interesse der EU und insbesondere unseres geografischen Bereichs liegen, diesen Raum so bald wie möglich in die Stabilitätszone einzubeziehen.

Ich bin überzeugt davon, dass die Union diesbezüglich auch neue Wege gehen soll. Es wird ihr nicht möglich sein, neue Mitglieder aufzunehmen, die Jahre oder gar Jahrzehnte von der Erfüllung der Kriterien entfernt sind. Trotzdem wäre es verfehlt, dies immer nur gebetsmühlenartig zu wiederholen und die Ausgrenzungsfrustration in den betreffenden Ländern wachsen zu lassen – bis hin zu Rückfällen in dumpfen Nationalismus.

3. Kultur ist kein Randgebiet!

Im Gegensatz zu manchen anderen verstehe ich die Europäische Union nicht nur als eine Freihandelsorganisation, sondern auch als politische und kulturelle Integrationsinstitution – das entspricht auch der Gründungsabsicht. Wie eingangs erwähnt, verbindet uns Europäer ein gemeinsames Kulturverständnis, das von unterschiedlicher Herkunft ist und doch eine gemeinsame Entwicklung genommen hat. Im Einzelnen ist das vielleicht manchmal schwer erkennbar, da scheint eher Chaos als Ordnung zu wirken. Aber das Bild einer sich wandelnden Baustelle passt ganz gut und wurde vom deutschen Theoretiker und ehemaligen Präsidenten der Max-Planck-Gesellschaft Hubert Markl noch ausgebaut: eine ständig unaufgeräumte Baustelle, ein Abenteuerspielplatz tausendjähriger Politik, aber eben auch ein gigantisches, geistiges und materielles Bauvorhaben, für das die Bauleute jeder Generation zwar keinen festen Bauplan haben, aber doch tragfeste Fundamente langer Tradition und im ständigen geistigen Wettstreit sich formender Vorstellungen.

Was früher einmal wie eine Kathedrale aussah, entwickelte sich dann doch eher zu einem Schloss, gelegentlich auch zur Kaserne, zur Fabrik oder auch zum gewaltigen Theater, und sieht nun allerdings immer mehr wie ein gigantisches Kaufhaus aus – wenn nicht am Ende doch noch ein Museum daraus wird. Im Leben entsteht nichts, das nicht seine Bausteine von woanders hernehmen würde, ist man versucht, mit Robert Musil hinzuzufügen. In all dieser Unordnung einer Baustelle muss es doch etwas geben, das nachahmenswert ist, das einen Reiz ausmacht, woran sich andere, nicht europäische Kulturen orientieren.

Ich weiß schon, vielfach hatten die Nichteuropäer gar keine andere Wahl. Europäische Kultur wurde vielfach und oft und lange mit Gewalt aufgezwungen. Ich weiß schon, dass Wirtschaftssystem und Religion ihren Siegeszug keineswegs auf friedfertige Weise angetreten haben. Und doch greift mir das als Erklärung zu kurz. Es muss einen europäischen Rohstoff namens Kultur geben, der persönliche Autonomie und Selbstverantwortung, der Zweifel und Wissenswagnis, aber auch Solidarität und Gemeinschaftsverantwortung in sich vereint. Es ist keineswegs Hochmut, wenn man all dies als Grundlagen europäischer Geisteskultur sieht, auch wenn man weiß, wie gerade auch aus ihr politische Fehlbildungen hervorgingen, die zu Grausamkeiten der unmenschlichsten Art fähig waren.

Umso hoffnungsvoller kann die gegenwärtige Entwicklung stimmen. Der Rohstoff einer gemeinsamen Kultur scheint im Zusammenwirken mit der wirtschaftlichen Integration ein Friedensprojekt zu verwirklichen, wie es dieser Kontinent in seiner Geschichte noch nicht gesehen hat. Der wirtschaftlichen Integration wird es gelingen, ein Geflecht von gegenseitigen Beziehungen und Abhängigkeiten zu schaffen, die es geradezu physisch unmöglich machen werden, dass sich zwei Länder, wie früher, in Zukunft wieder in einem blutigen Krieg gegenüberstehen.

Das Ergebnis ist jedenfalls eines, das die Aufhebung der Nationalstaaten betreibt, im Übrigen auch zutiefst europäische Erfindungen der letzten 300 bis 400 Jahre. Auch dieser Prozess ist nicht eindimensional. Die Nationalstaaten diffundieren nach oben und nach unten. Nach oben in die Union und nach unten in die Regionen. So entstehen Europaregionen, in denen sich die Wirtschaft blendend entwickelt und der Wohlstand greifbar ist. Europa ist deshalb immer noch und immer wieder ein werdendes, das nicht statisch ist und es nicht sein kann, sondern eines, das des Dialogs bedarf, weil es sich ständig daraus erneuert. Die europäische Kultur darf nicht zum finanziellen, ökonomischen Monolog verkommen.

Wenn man also darin übereinstimmen kann, dass die europäische Einigung ein historisch notwendiger Prozess ist, um den Rückfall in die Barbarei zu verhindern; wenn wir darin übereinstimmen, dass dieser Prozess ein mühsamer, vor Rückschlägen keineswegs gefeiter, auch nicht immer attraktiver Prozess ist; wenn wir in all dem übereinstimmen, dann müssen Kultur, Bildung, Ausbildung, Wissenschaft und Forschung noch stärker als bisher in den Vordergrund gerückt werden, um eine verbindende Wirkung zu entfalten, welche die wirtschaftliche Integration auch bewirken, keinesfalls aber überall garantieren kann. Denn zu unterschiedlich können wirtschaftliche Entwicklungen sein, zu rasch wirtschaftliche und soziale Unterschiede zu populistischen Kurzschlüssen führen.

Wir müssen vor allem die junge Generation gewinnen, sich des Reichtums der Vielfalt unseres Lebens in Europa zu bedienen. Wenn das gelingt, dann ist auch ein wesentlicher weiterer Schritt des Integrations-, des Europaprozesses gelungen. Dann können wir wirklich auf das 20. Jahrhundert zurückblicken als ein Jahrhundert, in dem die größten Katastrophen stattfanden, von dem wir aber auch sagen können: Wir haben Erkenntnisse daraus gezogen für die Zukunft, in der diese Katastrophen verhindert und vermieden werden können.

Klaus Liebscher

Der Euro als Katalysator für die europäische Integration

Sowohl nachhaltiges Wirtschaftswachstum als auch die Fähigkeit, sich an Veränderungen des internationalen wirtschaftlichen Umfelds anpassen zu können, erfordern Wettbewerb und Innovationen. Das ist wiederum eng verbunden mit dem Prozess struktureller Reformen, welche – um Joseph Schumpeters Worte zu verwenden – als eine notwendige Voraussetzung eines dynamischen Wirtschaftsprozesses gesehen werden müssen. Der Euro fungiert dabei auch als Katalysator dieses dynamischen Prozesses der strukturellen Veränderung.

Europa hat in den letzten Jahrzehnten einen – in diesem Ausmaß wohl einmaligen – Integrationsweg zurückgelegt. Dieser Weg reicht zurück bis zur Gründung der Europäischen Gemeinschaft für Kohle und Stahl vor mehr als 50 Jahren, über die Schaffung der Europäischen Wirtschaftsgemeinschaft, die Realisierung der EG-Zollunion, die Implementierung des ersten europäischen Wechselkurssystems, die Etablierung des Binnenmarktes der Europäischen Union bis zur Einführung der gemeinsamen europäischen Währung, zuerst als Buchgeld Anfang 1999, dann als Euro-Bargeld Anfang 2002. Nicht zuletzt aufgrund dieser Integrationsbestrebungen, welche ein friedliches Zusammenwachsen der westeuropäischen Länder mit sich brachte, erreichte man in der zweiten Hälfte des vergangenen Jahrhunderts ein Ausmaß an Stabilität und Wohlstand, das noch in der ersten Hälfte des Jahrhunderts kaum vorstellbar war.

Mit der erfolgreichen Implementierung der Währungsunion ist dieser Prozess jedoch noch nicht abgeschlossen, im Gegenteil: 15 Jahre nach dem Fall des Eisernen Vorhangs bildete die Erweiterung der Europäischen Union um zehn Mitgliedsstaaten den nächsten integrationspolitischen Meilenstein. Mit der Unterzeichnung des Beitrittsvertrags in Athen im April des Jahres 2003 und seiner anschließenden Ratifikation wurde die Erweiterung Anfang Mai 2004 Realität. Weitere südosteuropäische Kandidatenländer wollen im Jahr 2007 in die Union eintreten. Diese anstehenden Erweiterungen fügen sich nahtlos in den bisher erfolgreich absolvierten europäischen Integrationsweg ein und überwinden endgültig die nach dem Zweiten Weltkrieg erfolgte Trennung Europas. Mit dem Blick nach vorne muss alles getan werden, um den Balkan im Rahmen der Initiative *„wider Europe"* vorrangig mit einzubeziehen.

Nach einem beeindruckenden wirtschaftlichen Transformations- und Aufholprozess im Laufe des letzten Jahrzehnts ist die ökonomische Integration der neuen EU-Länder bereits weit fortgeschritten. So lag beispielsweise der Anteil der Exporte aus diesen Ländern in die Union knapp vor ihrem Beitritt bei 70 Prozent, was den hohen Integrationsgrad beweist. Auch die Zunahme der wirtschaftlichen Stabilität – und dabei vor allem der Preisstabilität in diesen Ländern – ist beeindruckend: Vor nur fünf Jahren hatten die meisten noch zweistellige Inflationsraten aufzuweisen. Im Jahr 2002 lag die durchschnittliche Teuerungsrate mit einem Wert von etwa 3 Prozent nur mehr um rund einen Prozentpunkt höher als im Euroraum. Dennoch betrug das Pro-Kopf-Bruttoinlandsprodukt der neuen EU-Mitgliedsstaaten 2003 erst etwa die Hälfte des Euroraum-Durchschnitts. Das zeigt, dass die noch ausstehende integrationspolitische Herausforderung für die alten und neuen EU-Mitgliedsstaaten noch immer groß ist. Dennoch ist bei Betrachtung der Erfolgsgeschichte der neuen Länder anzunehmen, dass sich auch die Pro-Kopf-Einkommensunterschiede kontinuierlich und vergleichsweise rasch verringern sollten.

Österreich profitiert

Österreich und die heimische Wirtschaft haben – nicht zuletzt aufgrund der geografischen Nähe – von der „Ostöffnung“ bereits in hohem Ausmaße profitiert. Nimmt man die Größe unseres Landes als Maßstab, dann sogar mehr als jedes andere westeuropäische Land, Beispiel: Banken. Ich bin davon überzeugt, dass wir auch aus der EU-Erweiterung des Jahres 2004 und dem Beitritt unserer Nachbarn großen Nutzen ziehen werden. Dazu zählt auch die Mitgliedschaft in der Wirtschafts- und Währungs-Union (WWU).

Der Beitritt dieser Länder zur Währungsunion wird über eine strikte und nachhaltige Erfüllung der rechtlichen und ökonomischen Konvergenzkriterien, dazu zählt auch eine Teilnahme am Wechselkursmechanismus II (WKM II), führen. Für eine stufenweise monetäre Integration sprechen nicht nur rechtliche und institutionelle Aspekte sowie der Grundsatz der Gleichbehandlung aller EU-Mitgliedstaaten, sondern auch ökonomische Überlegungen.

Denn eine verfrühte Übernahme des Euro könnte für einzelne neue Mitgliedsländer mit unverhältnismäßig großen finanz- und realwirtschaftlichen Anpassungslasten verbunden sein. Das Integrationstempo sollte – im Interesse der Beitrittsländer wie auch des Euroraums – nicht auf Kosten der Qualität gehen. Andererseits sollten aber jenen Ländern, welche alle Konvergenzkriterien strikt und nachhaltig erfüllen, keine Hindernisse in den Weg gelegt werden, der Währungsunion beizutreten.

Unser Land, das – gewissermaßen als Verbindungsstelle zwischen den beiden Teilen des Kontinents – im Zentrum Europas liegt, kann buchstäblich an vorderster Linie mit der Unterstützung unserer Nachbarn zu einem weiteren Schritt in der Integration Europas sehr wesentlich beitragen. Das sollte – aus österreichischer Sicht – vor allem für die Länder des Balkans gelten.

Doch zurück zum Euro: Ein oft vernachlässigter, aber essenzieller Grundgedanke der gemeinsamen Währung war und ist der friedens- und integrationspolitische Aspekt. Der Euro macht die europäische Integration für seine Bevölkerung direkt und konkret fassbar: Jede Münze, jede Euro-Banknote symbolisiert unseren Kontinent. Den nun heranwachsenden Generationen wird nicht zuletzt deshalb Europa vertrauter sein, als dies bei den Generationen davor jemals der Fall war. Dies manifestiert sich in einem neuen Selbstverständnis, nicht nur Österreicher, Deutscher oder Italiener, sondern vor allem „Europäer" zu sein. Das Schicksal unserer gemeinsamen Währung kann somit keinem Bürger der Länder der WWU gleichgültig sein.

Damit fördert die Währungsunion auch den politischen Zusammenhalt Europas und wirkt auf diese Weise nicht nur ökonomisch stabilisierend, was sich für uns Österreicher und Europäer nur positiv auswirken kann. Im Zusammenhang mit dieser Thematik gibt es noch eine Reihe von Fragen bezüglich der weiteren Entwicklung der politischen und institutionellen Integration, auf die Antworten gefunden werden müssen. Dazu ist festzustellen, dass die Wirtschafts- und Währungsunion langfristig betrachtet ein Vorbote in Richtung einer Art politischer Union darstellen könnte. Diese Annahme rührt daher, dass in der Geschichte häufig staatliche Territorien und Währungsgebiete früher oder später zu einer Einheit verschmolzen sind bzw. überhaupt in der Regel identisch waren.

Wettbewerbsfördernder Motor

Betrachtet man die Einführung der neuen Währung aus wirtschaftspolitischer Sicht, so ist die Attraktivität des Euro primär in der stabilitätsorientierten Ausrichtung der Geld- und Fiskalpolitik zu sehen – mit dem weiteren Effekt einer Stabilisierung von Erwartungshaltungen. Überdies stellt die Währungsunion einen wettbewerbsfördernden Rahmen und „Motor" für notwendige Strukturreformen dar. Gerade für den Unternehmenssektor ist es im Hinblick auf langfristige Investitionsvorhaben von enormem Interesse, sowohl Vertrauen in die Stabilität der Währung zu haben, als sich auch auf eine zukunfts- und wettbewerbsorientierte Geld- und Wirtschaftspolitik verlassen zu können.

Eine der Hauptursachen für den Erfolg der Währungsunion und des Euro liegt meines Erachtens sicher im zu Grunde liegenden Konzept der Preisstabilität begründet. Für die meisten Bürger der europäischen

Union ist Preisstabilität heutzutage ein Gut, das man wie selbstverständlich konsumiert, ohne viel darüber nachzudenken. Das war nicht immer so, wie manche von uns möglicherweise noch in leidvoller Erinnerung haben.

Für mich als Gouverneur der Oesterreichischen Nationalbank und Mitglied des Rates der Europäischen Zentralbank stellt Preisstabilität jedenfalls sowohl Ziel als auch Mittel dar, um dem Euroraum das zu bieten, was ein wettbewerbsfähiger und moderner Wirtschaftsraum als Fundament benötigt: nämlich eine stabile Währung. Damit der Euroraum – und somit alle Mitgliedsstaaten, also auch Österreich – das wirtschaftliche Potenzial der stabilitätsorientierten Geldpolitik voll ausschöpfen kann, bedarf es auch einer langfristig *stabilitätssichernden Haushalts- und Wirtschaftspolitik*, um das Eurogebiet im verschärften internationalen Wettbewerb konkurrenzfähig zu erhalten und damit nachhaltig zu Wachstum und Beschäftigung beizutragen. Dies gilt insbesondere in einem schwierigen weltwirtschaftlichen Umfeld, in dem sich die Konjunkturerholung weiter verzögerte, die Finanzmärkte volatiler wurden und sich das Vertrauen von Wirtschaft und Privaten abschwächte. Eine stabilitätsorientierte Politik muss sich auf allen Ebenen diesen Herausforderungen stellen.

Paradigmenwechsel

Mit dem Maastricht-Vertrag, dem Stabilitäts- und Wachstumspakt und den Stabilitätsprogrammen ergab sich in der Finanzpolitik der EU-Mitgliedsstaaten ein Paradigmenwechsel: Alle Teilnehmer an der Währungsunion haben sich nun der fiskalpolitischen Stabilitätsorientierung verpflichtet, die früher nur von wenigen EU-Mitgliedsstaaten verfolgt wurde. Gesunde Staatsfinanzen sind in mehrfacher Hinsicht erforderlich:

- Erstens wird durch eine Verbesserung des Staatssaldos in „guten Zeiten“ ein ausreichend hoher Spielraum geschaffen, damit die automatischen fiskalischen Stabilisatoren in Konjunkturabschwüngen voll wirksam werden können und so den Konjunkturverlauf glätten bzw. einen Abschwung mildern.

- Zweitens liefern gesunde Staatsfinanzen einen wesentlichen Beitrag zur Anhebung des Potenzialwachstums und damit zu langfristig möglichst hohem, inflationsfreiem Wachstum.
- Drittens stellen sie in Anbetracht der demografischen Entwicklung und der damit verbundenen langfristigen Belastung für die öffentliche Hand ein Gebot der Stunde dar.

Projektion in die Zukunft

Als „Projektion in die Zukunft" ist es von fundamentaler Bedeutung, dass die Glaubwürdigkeit der institutionellen Grundlagen der WWU gewahrt bleibt. Ich möchte eindringlich betonen, dass wir in einer Währungsunion, die – zur Erinnerung – eine irreversible Solidargemeinschaft ist, fiskalpolitische Regeln brauchen, um negative Rückwirkungen einer unsoliden Finanzpolitik eines Landes auf andere Teilnehmer an der Währungsunion ausschließen zu können.

Für den Euroraum insgesamt wird sich der kommende Aufschwung zu einem Prüfstein für den Reformwillen entwickeln. Die nächste Wachstumsphase darf nicht ungenutzt verstreichen, sondern – ganz im Gegenteil – es müssen mittels engagierter Strukturreformen die Weichenstellungen für die Zukunft vorgenommen und die öffentlichen Finanzen auf einen nachhaltigen Konsolidierungspfad gebracht werden.

Der Verzicht auf eine nationale Geld- und Wechselkurspolitik sowie die Vorgabe eines „Stabilitätsrahmens" für die Fiskalpolitik erfordern einen hohen Grad an Reformbereitschaft und Flexibilität der Ökonomie, um angemessen auf externe Schocks reagieren zu können. Wiederum als Projektionen in die Zukunft für Österreich 2010 sind die nationalen Strukturpolitiken gefordert, die Konkurrenzfähigkeit der einzelnen Sektoren und Branchen zu sichern, um – bei verschärftem Standortwettbewerb – im internationalen Vergleich bestehen zu können. So stellt die Währungsunion einen erwünschten Anreiz für notwendige Strukturreformen dar. Auch die im März 2000 vereinbarte Lissabon-Strategie ist von größter Bedeutung für die Umsetzung von Strukturreformen; damit soll Europa bis zum Jahr 2010 zur wissens- und wettbewerbsstärksten Region werden.

Weitere Reformen sind dringend erforderlich, um die strukturellen Verkrustungen an den Arbeits- und Gütermärkten weiter abzubauen und damit wirtschaftlichen Problemen des Euro-Währungsgebiets, wie beispielsweise der hohen strukturellen Arbeitslosigkeit, zu begegnen. Gleichzeitig sind die derzeitigen Bemühungen zur Ingangsetzung wichtiger Änderungen im Renten- und Gesundheitswesen und in anderen Bereichen, die der Bevölkerungsalterung Rechnung tragen, eine zentrale Voraussetzung für die Gewährleistung der dauerhaften Tragfähigkeit unserer Sozialversicherungssysteme.

Der Euro hat gezeigt, wie regionale Kooperation in Währungsfragen zu einer umfassenden Integration einer geografischen Region führen kann. Die Mercosur-Länder – Argentinien, Bolivien, Brasilien, Chile, Paraguay und Uruguay – haben Verhandlungen über eine Währungsunion angedacht. Die Regierungen Australiens und Neuseelands diskutieren eine gemeinsame Währung, auch in Asien gibt es Bewegungen in Richtung Währungskooperation. Auf ähnliche Weise wurden Anfang der 70er Jahre in Europa erste Schritte auf dem Weg zur Währungsunion unternommen.

Seit der EU-Erweiterung 2004 umfasst der europäische Wirtschaftsraum nahezu eine halbe Milliarde Menschen und ist damit der größte Binnenmarkt der Welt mit dem zweitwichtigsten Kapitalmarkt nach den USA. Auch wenn noch nicht alle Probleme gelöst sind, wenn noch wichtige Strukturreformen ausstehen, so wurde ohne Zweifel in den letzten Jahren der Grundstein für eine positive Integration Europas gelegt. Zu dieser positiven Entwicklung leistete die währungspolitische Integration, die zur WWU führte, einen wichtigen Beitrag. Sie wird auch in Zukunft eine zentrale Rolle als „Reformmotor" und Katalysator für die weitere wirtschaftliche und politische Integration Europas spielen.

Und der nächste Integrationsschritt in Form der Erweiterung der Europäischen Union wird – über ökonomische Vorteile hinaus – die politische Stabilität in Europa vergrößern, Europas internationale Wettbewerbsposition nachhaltig stärken und damit langfristig auch wesentlich zu Wohlstand, Sicherheit und Frieden auf unserem Kontinent beitragen.

Joseph A. Schumpeter lehrte uns, dass wirtschaftlicher Fortschritt mit einer kontinuierlichen Einführung neuer Produkte und Produktionsmittel einhergeht. Er lehrte uns weiter, dass dieser Prozess in einer ständigen Veränderung wirtschaftlicher Strukturen von innen heraus besteht, der Altes zerstört und Neues schafft. Im heutigen dynamischen, sich permanent ändernden wirtschaftlichen Umfeld müssen Wirtschaftstreibende immer innovativer und aufgeschlossener gegenüber neuen Ideen sein. Deswegen muss der regulative Rahmen derart gestaltet sein, dass die adäquaten Anreize für Innovation, Dynamik und Wachstum gesetzt werden. Die einheitliche Währung trägt zu mehr Integration und Wettbewerb bei, steht stellvertretend für den einheitlichen Markt und schafft ein Umfeld, welches – und davon bin ich überzeugt – Schumpeter sicher gefallen hätte.

Walter Rothensteiner

Die regionale Nische als Erfolgsfaktor im globalen Wettbewerb

VORHERSAGEN SIND BESONDERS RISKANT,
WENN SIE SICH AUF DIE ZUKUNFT BEZIEHEN.
MARK TWAIN

Das letzte Jahrzehnt hat mit seinen dynamischen Entwicklungen enorme strukturelle Veränderungen gebracht, die im Allgemeinen unter dem Stichwort „Globalisierung“ zusammengefasst werden. Faktoren wie Konzentrationsprozesse, neue Vertriebsstrukturen und geändertes Konsumentenverhalten betreffen de facto alle Wirtschaftstreibenden.

Die Raiffeisen Zentralbank Österreich AG (RZB) hat schon sehr frühzeitig erkannt, dass die Expansion in die „regionale Nische“ Zentral- und Osteuropa (CEE) eine hervorragende Chance ist, den extrem hart umkämpften Finanzplatz Österreich um noch ungesättigte Märkte mit entsprechendem Entwicklungs- und Ertragspotenzial zu erweitern. Österreich hat bereits vor der Öffnung der Länder Zentral- und Osteuropas knapp zehn Prozent seines Außenhandels mit dieser Region abgewickelt. Die RZB konnte somit die Vorteile der traditionellen Verbundenheit und ihrer daraus resultierenden langjährigen Erfahrungen perfekt nutzen. Die Konzentration auf die Wachstumsmärkte Europas, ergänzt um die des Fernen Ostens, hat sich als hervorragende Investition in die Zukunft der Bank bewährt.

Im Folgenden soll, ausgehend von einigen grundsätzlichen Bemerkungen zu den Veränderungen, die der österreichische Bankenmarkt in den nächsten Jahren wahrscheinlich durchlaufen wird, anhand des Beispiels der RZB dargestellt werden, wie die Konzentration auf die wachstumsstarke regionale Nische Zentral- und Osteuropa einerseits das Institut ertrags- und zukunftssicher gemacht und andererseits gleichzeitig zur positiven wirtschaftlichen und sozialen Entwicklung der einzelnen Länder der Region beigetragen hat.

Zukunftsszenario für österreichische Banken[2]

Vorweg: Der Wettbewerb in Österreich wird sich, wie in ganz Europa, weiter intensivieren. Die Effizienz der Finanzmärkte hat in den letzten Jahren durch Faktoren wie Vereinheitlichung der Wettbewerbsbedingungen, Liberalisierung des internationalen Kapitalverkehrs, nationale Deregulierungen und nicht zuletzt die Währungsunion stark zugenommen. Banken mit Schwerpunkt auf Großunternehmen, und die RZB gehört zu dieser Gruppe, sind davon stärker betroffen als solche mit einem Fokus auf Klein- und Mittelbetriebe bzw. Privatpersonen. Der Marktanteil ausländischer Institute ist in Österreich im Vergleich zu anderen europäischen Ländern gering, das ausländische Konkurrenzpotenzial damit relativ hoch.

Überdies ist eine stärkere Konkurrenz der klassischen Bank und ihrer konventionellen Vertriebskanäle durch andere Finanzintermediäre und Direktfinanzierungen über den Kapitalmarkt zu erwarten. Dieser teilweisen Erosion der Aufgaben der Banken im Finanzierungsprozess wird dennoch weiterhin deren zentrale Funktion am österreichischen Finanzmarkt gegenüberstehen: Insbesondere für Klein- und Mittelbetriebe wird der Bankkredit auf absehbare Zeit die wesentliche Finanzierungsquelle bleiben, allein schon wegen der Kostenhürden und technischen Voraussetzungen für den Kapitalmarkt.

---

2 Vgl. Glauninger, U. & Magerl, Ch. (WIFO) und Mooslechner, P. (OeNB), Österreichs Bankensystem im Umbruch: Neue Fragen auf alte Antworten?.

Mit 1.510 Einwohnern pro Bank[3] ist Österreich unter den „Weltmeistern" in der Kategorie Bankstellendichte. In Deutschland sind es fast 1.870 Einwohner pro Bank – und dort werden laut Ernst Welteke, dem Präsidenten der Deutschen Bundesbank, zehn Filialen pro Tag geschlossen. Der EU-Durchschnitt beträgt 2.500 Einwohner pro Institut. Laut Christian Helmenstein vom Institut für Höhere Studien wird Österreich in den kommenden zehn Jahren ein Viertel bis ein Drittel der Bankfilialen verlieren, wobei das Tempo durch die meist schwer abzubauende Zahl der Bankangestellten bestimmt wird.

Fortschritte in der Automation bzw. das Internet ermöglichen bzw. erfordern diese Entwicklung. Es gilt jedoch, eine vernünftige Balance zwischen *„brick banking"* und *„click banking"* zu gewährleisten, um den unterschiedlichen Bedürfnissen der verschiedenen Kundengruppen zu entsprechen.

Ein größerer Finanzmarkt bietet auch mehr Möglichkeiten der Spezialisierung nach Vertriebsform, Kunden, Produkten und Märkten. Die Öffnung Zentral- und Osteuropas setzte dementsprechend einen Expansionsdrang in die neuen Märkte in Gang. Aus vielen europäischen Ländern drängten Banken in die Region, die teils über einen viel größeren „Kapitalmuskel" als die RZB verfügten und verfügen.

Obwohl es generell für eine – im internationalen Vergleich – relativ kleine Bank wie die RZB nicht leicht ist, in neuen Märkten eine wettbewerbsstarke Position auf- und auszubauen, konnte das durch den sehr frühen Markteintritt in den einzelnen Ländern dennoch erzielt werden. Der resultierende Vorsprung vor der viel größeren internationalen Konkurrenz konnte von dieser erst in jüngster Zeit mit erheblich mehr Kraftaufwand und auch nur teilweise egalisiert werden. So kann heute lediglich die deutsche HVB Group (inklusive Bank Austria Creditanstalt) eine vergleichbare Flächendeckung wie die RZB aufweisen, und das nur über den Umweg zweier Fusionen.

---

3 Koch, M. in: *Die Presse* vom 13. Oktober 2003.

Expansion nach Zentral- und Osteuropa

Um dem Verdrängungswettbewerb am heimischen Bankenmarkt, insbesondere im hart umkämpften Segment *„Corporate Banking"*, aktiv mit der Erschließung neuer Märkte und Kundensegmente zu begegnen, wurde die Expansion in die Region Zentral- und Osteuropa konsequent vorangetrieben. Hilfreich war dabei, dass sich der Bedarf der RZB nach neuen Märkten und der Bedarf dieser Märkte nach neuen Banken, zeitgemäßen Produkten und modernen Technologien in idealer Weise deckten.

Die RZB hat bereits 1986 eine eigene Bank in Ungarn gegründet, als vom Fall des Eisernen Vorhangs keine Rede war, geschweige denn von der Erweiterung der damals noch viel kleineren EU. Eigengründungen wurden vor allem in der Anfangszeit der Expansion Akquisitionen vorgezogen. So konnten in einer Zeit, in der die Übernahme lokaler Banken noch mit erheblich mehr strukturellen und Kreditrisiken behaftet war als heute, die Raiffeisenbanken mit zeitgemäßer Struktur, moderner Technik und hoch motivierten Mitarbeitern ein klares Signal auf dem Markt setzen und von Anfang an unbelastet und profitabel agieren. Heute ist der RZB-Konzern mit einem Netzwerk von 14 Tochterbanken mit mehr als 700 Bankstellen flächendeckend in CEE vertreten und klar eine der führenden Bankengruppen der Region. Durch die Erschließung neuer Märkte, wie beispielsweise Serbien und Montenegro, Kosovo oder Weißrussland, wo die RZB jeweils die erste Auslandsbank mit einem strategischen Investment war, hat sie substanziell zur Entwicklung der lokalen Finanzmärkte beigetragen.

Auslandsbanken – wesentlicher Faktor der Entwicklung der lokalen Wirtschaft

Rückblickend kann man sagen, dass ausländische, insbesondere westliche Banken einen substanziellen Beitrag zum Transformationsprozess der Banken und damit zur Entwicklung des gesamten produktiven Sektors geleistet haben. Sie waren und sind immun gegenüber politischen Einflüssen, brachten zeitgemäße Technologien und Abläufe, sorgten damit für den Anstoß zu Restrukturierungen und Produktivitätssteigerungen und in letzter Konsequenz für den für die Entwicklung der Gesamtwirtschaft notwendigen Wettbewerb.

Bei allen ihren Auslandsengagements konnte die RZB feststellen, dass der Faktor „Vertrauen“ wesentlich nicht nur für die Entwicklung der einzelnen Bank, sondern auch für den gesamten Finanzplatz war. Vor allem in Südosteuropa wird Auslandsbanken im Allgemeinen mehr Vertrauen von der durch Bankzusammenbrüche und Enteignungen geprüften Bevölkerung entgegengebracht als den lokalen Staatsbanken. Vertrauen ist Grundvoraussetzung für das Eröffnen von Konten und die Dotierung mit jahrelang sprichwörtlich unter der Matratze gehorteten Barbeständen. Durch die Konversion dieser Einlagen in Kredite werden der lokalen Wirtschaft die Mittel zugeführt, die für einen nachhaltigen Wirtschaftsaufschwung notwendig sind.

Auch für industrielle Auslandsinvestitionen ist die Präsenz einer vertrauenswürdigen Auslandsbank oft eine der wichtigsten Bedingungen. Sie gewährleistet den ausländischen Investoren eine sichere Anlaufstelle für den Kapitaltransfer und in weiterer Folge die verlässliche Betreuung der Tochterfirma auf gewohntem und mit den Anforderung der Konzernzentrale kompatiblem Niveau. Ausländische Direktinvestitionen wiederum sind mit ihren positiven Wirkungen auf die Arbeitsmarktsituation, das Steueraufkommen und das persönliche Einkommen maßgeblich für die volkswirtschaftliche Entwicklung.

Enormes Potenzial der EU-Erweiterung

Für die RZB hat sich die konsequente Ausrichtung ihrer Strategie auf CEE geschäftlich bezahlt gemacht: Mehr als zwei Drittel des Ergebnisses werden von ihren Tochterbanken generiert, bei nur etwas mehr als einem Drittel Anteil an der Bilanzsumme des Konzerns. Das zuverlässige Wachstum und die hohe Profitabilität des Netzwerkes bilden eine hervorragende Basis für die zukünftigen Entwicklungen, insbesondere im Zusammenhang mit der EU-Erweiterung.

Zentral- und Osteuropa gehören zu den wichtigsten und sichersten Wachstumsregionen, und mit dem Beitritt der ersten zehn Länder zur

Europäischen Union hat sich diese Position noch verfestigt. In der Region etablierte Banken werden die Vorteile der Erweiterung sowohl direkt als auch indirekt spüren. Mittelfristig werden deutlich höhere BIP-Wachstumsraten als in der heutigen EU und den USA prognostiziert, mit entsprechendem Entwicklungspotenzial in allen Geschäftssegmenten. So liegt beispielsweise das Verhältnis Kredite zu BIP in Euroland derzeit deutlich über 100 Prozent, während es in den Ländern Zentral- und Osteuropas maximal die Hälfte dieses Wertes erreicht und im Durchschnitt deutlich darunter liegt.

Die auf diesem großen Markt tätigen Auslandsbanken können für sich in Anspruch nehmen, einerseits mit ihrem Engagement in den meisten Fällen (es gab natürlich auch nicht so erfolgreiche Banken wie die RZB) die Weichen für eine erfolg- und ertragreiche Zukunft gestellt zu haben. Andererseits haben sie ganz wesentlich zur gesamtwirtschaftlichen Neuorientierung beigetragen und waren damit ein zentraler Baustein auf dem Weg in eine große, in absehbarer Zukunft den gesamten Kontinent umfassende Europäische Union.

Karl Aiginger

Das europäische Modell des „Reformierten Wohlfahrtsstaates“

Ein Bericht über die sozioökonomische Entwicklung in den letzten 25 Jahren

Ich zitiere aus dem soeben veröffentlichten OECD-Bericht über die wirtschaftliche Entwicklung in den 60 Mitgliedstaaten im vergangenen Vierteljahrhundert (2000 bis 2025), veröffentlicht in Paris im November 2025:

„Rückblickend auf das Vierteljahrhundert müssen wir festhalten, dass die Entwicklung fast konträr zu den Prognosen der ‚Mainstream-Ökonomen‘ (sowohl aus der ‚Business Community‘ als auch aus der erlesenen Schar der ‚Economists‘) abgelaufen ist, aber auch für Politologen und Soziologen gab es Überraschungen.

Die Ökonomen hatten immer mit Verweis auf die Wachstumstheorie des 20. Jahrhunderts, die damals neoklassisch hieß, eine Konvergenz der Pro-Kopf-Einkommen prognostiziert, besonders in Integrationsräumen und in offenen Wirtschaften. Seit dem ‚OECD Growth Project‘, das um die Jahrtausendwende publiziert wurde, weisen wir darauf hin, dass die Wachstumsunterschiede größer geworden sind und nicht immer die Länder mit niedrigen Einkommen schneller wachsen.

- Technologen und Integrationsexperten hatten erwartet, dass neue Technologien immer schneller diffundieren und dies die Angleichung von Einkommen beschleunigen würde.
- Kulturexperten hatten eine Vereinheitlichung kultureller und politischer Prozesse befürchtet.
- Politologen hatten gewarnt, dass sich ökonomische Interessen gegenüber sozialen durchsetzen müssten.
- Ökologen hatten gewarnt, dass die Ausbeutung der Ressourcen zulasten der Umweltverträglichkeit Vorrang haben werde.
- Ökonomen, besonders auch unserer Organisation, haben immer hohe Wohlfahrtsausgaben kritisiert, Pensionen und Gesundheit einer alternden Gesellschaft als beinahe unfinanzierbar dargestellt. Indirekt haben wir damit suggeriert, dass der Anstieg der Einkommensunterschiede in den Industrieländern also unvermeidbar wäre.

Heute wissen wir, dass die Konvergenz von Einkommen, Technologie, Konsumgewohnheiten eintreten kann, aber selbst in einer integrierten Weltwirtschaft nicht eintreten muss. Selbst innerhalb unserer Organisation, die zwar 60 Länder umfasst, aber doch vor allem jene mit höheren Einkommen, gibt es Einkommensunterschiede von 1:5. Vielleicht noch überraschender: Die Wachstumsunterschiede sind seit 1990 größer geworden. Einige Länder mit niedrigem Ausgangseinkommen haben auch ein niedriges Wachstum. Andererseits gibt es Länder mit überdurchschnittlichem Ausgangsniveau und persistent überdurchschnittlichem Wachstum. Aufgabe dieses Berichtes ist es, die Ursache der Wachstumsunterschiede aufzuzeigen.

Wenden wir uns den Fakten zu. Die Entwicklung der 60 Mitgliedsländer der OECD ist auch in den letzten zehn Jahren wieder unterschiedlich. Wir analysieren sie nach der 2010 gebildeten Typologie der Mitgliedsländer, die nunmehr von Ökonomen, der Business Community, Politologen, Historikern und Soziologen allgemein anerkannt ist.

Das Wachstum hat nach dem üblichen TS-BIP im letzten Vierteljahrhundert die in Übersicht 1 (siehe Seite 51) angegebenen Werte erreicht.

Es entspricht dem pädagogischen Auftrag der OECD, die Begriffe zu erklären, obwohl sie seit einem Jahrzehnt auch in kleinstformatigen wissenschaftlichen Journalen und auflagenstärksten elektronischen Newsletters benutzt werden und auf jeder Internetseite anklickbar sind, etwa unter http://www.extras.begriffe/OECD2025.

TS-BIP heißt Triple Sustainable Bruttoinlandsprodukt.

Triple Sustainable bedeutet, dass zum alten Einkommensbegriff Zuschläge und Abschläge gemacht werden, je nachdem,

- ob soziale und gesundheitliche Risken abgesichert sind,
- ob die natürlichen Ressourcen steigen oder überstrapaziert werden bzw. ob das Kyoto-Kiew-Peking-Protokoll über den Klimaschutz über- oder untererfüllt wird und
- ob die Staatsfinanzen für Zukunftsinvestitionen verwendet werden oder für vier bis fünf Ebenen der öffentlichen Verwaltung wie in mehreren vormals reichen, großen europäischen Ländern.

Zur Erinnerung: Das alte Bruttoinlandsprodukt war jenes holprige Gerüst, bei dem Reparaturkosten, Bürokratieaufwand, Emissionen als wohlfahrtserhöhend verbucht worden waren. Und nun zu der Entwicklung in den einzelnen Gruppen.

Gruppe C: Stagnationsländer

Wir beginnen mit Gruppe C. Hier stagnieren Produktion und Einkommen, die Mitglieder werden daher kurz Stagnationsländer genannt, die Politik nennen wir Status-quo-Politik.

Wenn man dazu berücksichtigt,

- dass fast jedes Jahr die Pensionen gekürzt werden müssen, weil sich die letzte Pensionsreform als unzulänglich herausgestellt hat, die Steuereinnahmen wieder unter den Erwartungen geblieben sind;
- dass die in Betreuung der Arbeitsmarktverwaltung, der Gesundheitsstiftungen, der „Jugendbeschäftigungsfoundation Stronach“, der Noch-nicht-Rentner-Clubs im internationalen Durchschnitt ein Drittel der erwerbsfähigen Personen „geparkt“ sind;
- dass zu den normalen gesundheitlichen Problemen die psychischen Probleme der Langzeitarbeitslosen hinzukommen;

- dass vor den Pensionistenwohnsiedlungen jeden Donnerstagabend Demonstrationen von Jugendlichen stattfinden;
- dass die Behörden bei Umweltvergehen wegschauen, weil reflexartig die Drohung kommt: ‚Dann schließen wir den Betrieb oder dann erhöhen wir die Mieten‘;

wenn man das alles berücksichtigt, dann ist es verständlich, warum ein sensibles Wohlfahrtsmaß wie das Triple-BIP sinkt, wenn auch konventionelle Einkommensmaße noch einen Anstieg signalisieren.

Die Volkswirtschaften dieser Gruppe sind reformunfähig. Bei jedem Versuch, ein Problem zu lösen, bildet sich eine satte Mehrheit von Reformgegnern. Man muss auch zugeben, dass die Reformen oft kontrovers, asymmetrisch und bruchstückhaft ablaufen. Es wird in der Regel kein Konsens gesucht, und wenn er gesucht wird, dann wird er nicht gefunden. Die Länder befinden sich in einem gefährlichen Dilemma. Die Staatskassen sind durch das fehlende Wachstum und die Finanzierung der tatsächlichen oder versteckten Arbeitslosen so knapp bestückt, dass bei jeder Reform auch eine Kürzung mitgeplant wird. Jene, die begünstigt werden, gewinnen wenig, jene, die belastet werden, verlieren auch absolut und können auf frühere Reformen verweisen, wo ihnen zugesagt worden war, nie mehr etwas zu verlieren. Die Mitglieder der Ländergruppe C sehen, dass in Nachbarländern steigende Einkommen und Sozialleistungen möglich sind, die mobileren Staatsbürger wandern aus, wie es die Freiheit der Wahl des Wohnsitzes und des Berufes ermöglicht.

Diese Länder nutzen daher auch alle legalen und manchmal auch illegalen Instrumente, die Mobilität von Menschen und die Verlagerung von Firmen zu verhindern. Internationalisierung wird als Bedrohung gesehen, nicht als Chance. Die Bevölkerung wird zahlenmäßig geringer und ist überaltert, ein Einkommensgefälle von Alt zu Jung besteht, die besten Köpfe wandern aus.

Drei der 18 Länder in dieser Gruppe sind aus der Jahrtausendwende-EU, vier sind zentraleuropäische Erweiterungsländer (aus den 2004/2008 Erweiterungsrunden), drei aus dem Post-Putin-Russland, jeweils vier aus den islamischen Erweiterungsländern und aus Südamerika.

Gruppe B: Neoliberale Länder

Die Länder der Gruppe B haben eine mittlere Einkommensdynamik, jedenfalls nach alter Volkseinkommensrechnung und im Vergleich zu den Stagnationsländern. Ihre wirtschaftspolitische Strategie wird oft als neoliberal bezeichnet. Dieses Konzept galt um die Jahrtausendwende als Leitbild von angloamerikanischen Ökonomen, Hauptfeind der Politologen, Darling of Business und als sehr erfolgreich.

Als wesentlichster Erfolg dieser Strategie wurde die Gesundung der englischen Wirtschaft gefeiert. Bekanntlich hatte England in den letzten Dekaden des 20. Jahrhunderts seinen aus der frühen Industrialisierung und dem Reichtum der Kolonien stammenden Vorsprung im Pro-Kopf-Einkommen verspielt, war Jahrzehnt für Jahrzehnt geringer gewachsen als seine europäischen Partner. Als die heilige Margaret – bekanntlich war Margaret Thatcher von Papst Paul 2013 selig gesprochen und von George Bush IV. im Jahr 2018 posthum heilig gesprochen worden –, also als sie um 1980 die notwendigen Reformen einleitete, gab es zunächst ein Heulen und Zähneknirschen und ein Jahrzehnt der Stagnation und der steigenden Arbeitslosigkeit. In den 90er Jahren erholte sich die Wirtschaft, das Pro-Kopf-Einkommen überschritt wieder den europäischen Durchschnitt, die Arbeitslosigkeit sank unter die 5-Prozent-Marke. ‚Margaret's Clan' wurde dann durch einen Sozialdemokraten abgelöst, ironischerweise, weil die englische Regierung, dem Rat der Ökonomen folgend, die vermögensabhängigen Steuern durch eine Kopfsteuer ersetzen wollte. Reich und Arm zahlen einen Penny und verhindern damit die allokationsverzerrenden Wirkungen des Steuersystems. Aber zurück zum Sozialdemokraten, der dann 20 Jahre England führte (bevor er seinem Sohn die Regierungsgeschäfte übergab). Er änderte wenig am wirtschaftspolitischen Kurs. In den ersten drei Regierungsperioden versprach er, die lange vernachlässigte Infrastruktur zu verbessern. Allerdings fand die Verbesserung dann nicht statt, da sich Großbritannien immer mehr in das US-Abenteuer in Arabien verstrickte. Es ist billiger, Patienten die Reise in ein Land der Gruppe A zu zahlen, als selbst Spitäler zu bauen, lautet der neue Ratschlag der britischen Ökonomen. England wird deswegen heute manchmal als *„the most rapidly underdeveloping country"* bezeichnet.

Parallel zur starken Performance Englands in den 90er Jahren gelang es der amerikanischen Wirtschaft, den Produktivitätsrückstand gegenüber der europäischen Wirtschaft wieder zu erhöhen, nachdem Europa Jahrzehnt für Jahrzehnt näher an den Technologieführer herangerückt war. Der Erfolg wurde begleitet von einer Reduktion der Wohlfahrtsausgaben; z.B. einem Maximum von fünf Jahren auf Lebenszeit, in denen eine Person Sozialleistungen beziehen kann. Dass die USA um diese Zeit die konjunkturstabilisierende Rolle der Geld- und Fiskalpolitik wieder nutzte, nachdem ihre Ökonomen sie weltweit denunziert hatten, ist nur ein Detail am Rande der neoliberalen Erfolgsphase.

Der Erfolg hielt bis 2005. Das erhöhte Sicherheitsstreben hat dann zur xenophobischen Abschottung im Inland geführt. Gleichzeitig explodierten die Ausgaben für den endlosen und erfolglosen Versuch der Neugestaltung des arabischen Raums. Ressourcen, die früher in Forschung und Ausbildung gesteckt worden waren, flossen immer mehr in Sicherheit und Bezahlung von Söldnern. Die Steuern mussten erhöht werden, aber nicht um Investitionen in die Zukunft zu finanzieren, sondern um Löcher zu stopfen, der Dollar wertete mehrfach ab. 2017 hat bekanntlich Europa (natürlich beschränkt auf die Jahrtausendwende-EU) die USA in der Produktivität pro Beschäftigten überholt.

Kernelemente des neoliberalen Modells sind:

- Reduktion der Staats- und Steuerquote um gut 10 Punkte in Richtung 30 bis 35 Prozent des BIP,
- Deregulierung des Arbeitsmarktes,
- Liberalisierung der Produktmärkte bei gleichzeitig permissivem Verhalten gegen neue Monopole und vertikale Zusammenschlüsse und Unvereinbarkeiten (Rechnungsprüfer, Berater, Analysten); Letzteres ist kein Kernelement des Modells, aber faktisch oft gegeben,
- Vereinfachung der Steuersysteme zu einer „flat tax“ bei Einkommen, einer Per-Capita-Steuer für Vermögen,
- Rückzug des Staates aus Forschung, Ausbildung, Gesundheit, Pensionen, Sicherheit,
- Rückzug aus Klimaschutz, Artenschutz, Energie-, Emissionsbesteuerung,
- Privatisierung von Infrastruktur plus laxe Regulierung.

Das neoliberale Modell wurde und wird außer in Großbritannien und den USA in 25 weiteren OECD-Mitgliedsländern angewandt: besonders dann, wenn die wirtschaftlichen Probleme sehr groß waren, die Staats- und Steuerquote hoch war und schrittweise oder problemadäquate Reformen zu lange aufgeschoben wurden oder mangels Konsens nicht erreichbar waren. Die Beurteilung, ob es erfolgreich oder erfolglos war, liegt an dem Zielsystem, das ein Wirtschaftsmodell erreichen soll. Gemessen an der Steigerung der Einkommen ist es erfolgreicher als das Status-quo-Modell. Allerdings sind die Einkommen und Vermögen so ungleich verteilt, dass ähnliche Spannungen, wie es im Status-quo-Modell zwischen Alt und Jung gibt, hier zwischen Reich und Arm auftreten. Wohngebiete müssen mit privater Polizei geschützt werden, bei der Arbeitsvermittlung werden Verhaltensgutachten und Familienbürgschaften dringender verlangt als Fähigkeitsnachweise. Gesundheitsleistungen sind nach Einkommen und Bezirk sehr unterschiedlich, ebenso variiert die Qualität der Schulen in einem von der OECD oft gerügten Ausmaß (vergleiche hier das viel zitierte Riga-Rating der Schulqualität). Es gibt starke Zuwanderung und starke Spannungen zwischen letzter und drittletzter Generation der Zuwanderung, aber auch innerhalb der arbeitenden und arbeitslosen Inländer.

Zieht man die Abschläge für soziale, ökologische und finanzielle Zukunftsbelastung ab, ist das Wachstum kaum besser als im Status-quo-Modell. Je nach Bedeutung, die man dem Einkommen auf der einen Seite oder der Chancengerechtigkeit und der Verteilung auf der anderen Seite beimisst, ist das neoliberale Modell dem Status-quo-Modell über- oder unterlegen.

Das Modell wird von einem Drittel der Jahrtausendwende-Mitglieder und einem Drittel der zentraleuropäischen Erweiterungsländer angewandt, in den meisten Ex-Sowjetunionstaaten, aber nur noch in einem Drittel der südamerikanischen OECD-Mitgliedsländer, zwei islamische Staaten sind dem Modell gefolgt, beide kämpfen mit einer Spaltung nach nationalen Kriterien.

Modell A: Das Reformierte Europäische Wohlfahrtsmodell

Modell A nennen wir seit 2010 das „Reformierte Europäische Wohlfahrtsmodell". Sein Erfolg ist eine gewisse Sensation, da Ökonomen – auch unserer Organisation – die hohen Kosten des Wohlfahrtsstaates als Wachstumsbremse gesehen haben, die Europa unfähig macht, weltweit konkurrenzfähig zu sein. Auch Politologen hatten das „Korporatistische Modell Europas" kritisiert, weil Teile der Entscheidungsfindung dem Parlament entzogen wurden, Marxisten, weil es nicht in eine antagonistische Dichotomie zwischen Kapital und Arbeit passt, Soziologen hatten teilweise eine Bevormundung der Bürger durch den Staat befürchtet. Und Krisen hatte es wirklich in jedem einzelnen Staat gegeben. So musste z. B. Schweden immer wieder zum Instrument der Abwertung der Währung greifen, um vergangene Kostensteigerungen einzufangen, bis es seinen Einkommensvorsprung verloren hatte.

Es gab sicher auch Wissenschaftler, die schon früh durch tiefer greifende Analysen die alte Dichotomie zwischen konservativer Erstarrung und neoliberaler Reform aufzulösen versuchten:

- Gosta Esping-Andersen z. B., wenn er von drei Formen des Welfare Capitalism sprach,
- Richard Freeman, wenn er zahlreiche Modelle des Arbeitsmarktes gegeneinander antreten ließ,
- Stephan Schulmeister, wenn er den Interessen von Kapital und Arbeit jene der Rentiers gegenüberstellte und von verschiedenen Koalitionsmöglichkeiten dieser drei Interessengruppen sprach und einem niedrigen Zinssatz im Vergleich zu Wachstumsrate mehr Bedeutung beimaß als der damals viel zitierten Steuerhöhe,
- Gro Harlem Brundtland, wenn sie den Umbau der Marktwirtschaften zu einem nachhaltigen Wirtschaftssystem einforderte,
- die Lissabonstrategie der EU, die auf Wachstum und Ausbildung setzte, und nicht zuletzt
- die Ökonomen unserer Organisation, als sie im OECD-Growth-Project die Bedeutung von Forschung und Humankapital heraus-

fanden, diese Erkenntnis aber in den aktuellen Länderberichten unserer Organisation auf die Forderung nach Abbau der Arbeitsmarktregulierung reduziert fanden.

Aber wirklich geglaubt hat an die Reformierbarkeit des Europäischen Modells bei prinzipieller Beibehaltung des Wohlfahrtsstaates niemand. Sie basiert aus heutiger Sicht auf folgenden Elementen:

Privates plus öffentliches Kostenbewusstsein

Die ökonomische Theorie lehrt, dass überall dort, wo nicht der Markt als Kostenbremse auftritt, sich Eigeninteressen durchsetzen. Das können Interessen von Unternehmern sein, Monopolgewinne einzustreifen oder den Markt vor Newcomern abzuschotten. Das können Interessen von Gewerkschaften sein, an den Renten zu partizipieren und Mitglieder besser zu behandeln als Arbeitslose oder Nichtmitglieder, das kann das Interesse der Bürokratie an bequemen Arbeitsbedingungen sein. Alles zusammen nicht aus verwerflichen Motiven, sondern entsprechend der menschlichen Eigenschaft, Altes dem Neuen vorzuziehen und die Kosten der Veränderung höher zu schätzen als die Chance von Neuem. (‚Alte Regeln sind gute Regeln, neue Regeln sind schlechte Regeln' könnte man das nennen in Abwandlung eines ‚ehernen Steuergesetzes'.) Staaten der Gruppe A lassen nicht zu, dass die Arbeitskosten stärker steigen als die Produktivität und dass die Staatsausgaben stärker steigen als die Einnahmen.

Ausnahmen sind möglich, müssen aber gut begründet sein, etwa mit einem konjunkturellen Einbruch, mit besonders hohen Chancen einer neuen Technik oder Tätigkeit. Wenn das nachvollziehbar ist, dann investiert die Gesellschaft sogar stark, aber die *Baseline* ist ein vorsichtiges Szenario mit einem über den Konjunkturzyklus leicht positiven Budgetsaldo (zwischen einem halben Prozent und 2 Prozent des BIP) und einer Arbeitskostensteigerung, die leicht unter der Produktivität liegt, damit individueller Spielraum und Platz für Bewegung gegeben ist.

Langsame, unaufgeregte Senkung der Steuerquote

Obwohl es im Jahrtausendkonflikt um die ‚optimale Staatsquote' noch immer keine wissenschaftlich einheitliche Erkenntnis gibt, hat sich durchgesetzt, dass Staatsquoten um 50 Prozent doch zu hoch sind, solche um 30 Prozent zu niedrig. Die meisten Staaten der Gruppe A versuchen, an die 40-Prozent-Marke zu kommen, es ist aber immer zu überprüfen, wofür das Geld ausgegeben und wie es eingenommen wird. Sie sind großzügig bei unkalkulierbaren Risken, bei Zukunftsausgaben und bei Ausgaben für niedrige Einkommensbezieher. Sie verlangen Beiträge von den Vermögenden. Zugute kommt den europäischen Ländern, dass die Wirtschaftsräume ‚Merkur Sud' und ‚Arab Independent' eine Mindestvermögenssteuer beschlossen haben, der sich zwei Drittel der ‚Post-Putin-Länder' angeschlossen haben. Dass die Steuerquote noch immer höher als in der Gruppe B liegt, ist klar, und dass sie viel niedriger ist als in der Status-quo-Gruppe C ist ein Faktum. Wichtiger ist, dass die hohe Steuerquote in den Stagnationsländern *erlitten* ist (durch sinkende Steuereinnahmen und immer wieder umgeworfene Reformen), in den Ländern des Reformierten Wohlfahrtsstaates jedoch für soziale Zwecke und für Zukunftsinvestitionen *geplant*.

Optimierung der ökonomischen Anreize

Bei der Höhe der verbleibenden Sozialleistungen halten es die Länder des Reformierten Wohlfahrtstaates für zentral, die Anreize richtig zu setzen. Bei einer durchschnittlichen Pensionsleistung von 80 Prozent des Letztbezuges (netto, und zwar 40 Prozent staatlich, 20 Prozent Firmenpension, 20 Prozent privat) ist es wichtig, dass die Teilzeitpensionisten nur einen Teil ihrer Pension verlieren, wenn sie zwei Tage in der Woche 30 Wochen im Jahr arbeiten – meist in beratender, koordinierender Funktion, oft an der Grenze zwischen oder in gänzlich neuen Berufsbildern. Seit 2020 besteht in dieser Ländergruppe Arbeitskräfteknappheit. Der Staat hat ein Interesse, alle Arbeitsmarktreserven auszuschöpfen. Wer seinen Job verliert, soll trotz der 70 Prozent Ersatzrate einen Anreiz haben, auch Teilzeitarbeit, Tätigkeiten für NGOs oder Community Jobs auszufüllen. Ein weiterer Anreiz zur raschen

Wiederaufnahme von Beschäftigung besteht darin, dass jede(r), dessen Einkommen über dem Medianeinkommen liegt, mit jedem Monat ohne Arbeit Pensionspunkte verliert (die aber durch längeres Arbeiten zurückgewonnen werden können). Wer sich der Gesundheitsvorsorge unterzieht, hat nicht nur niedrige Selbstbehalte, sondern gewinnt ebenso Pensionspunkte, wie jede(r), der sich im modularisierten, zertifizierten Weiterbildungssystem höher qualifiziert.

Regulierung von Arbeits- und Produktmärkten

Die Produktmärkte sind in dieser Gruppe stärker liberalisiert als in der Stagnationsgruppe. Dies ist auch leichter, weil in einer vollbeschäftigten Wirtschaft die Anpassungskosten für die nationalen Champions geringer sind, und weil die Wirtschaftsdynamik zu einem stärkeren Andrang von neuen Firmen und Dienstleistern führt. Der Unterschied zur Gruppe C (Stagnationsländer) besteht weniger in den ursprünglichen Liberalisierungsschritten als in der ernsthaften Wettbewerbskontrolle im liberalisierten Markt (neue Regulierungsinstanz). Die Regulierungsinstanzen für Strom, Telekom, Medien, Verkehr verhindern in dieser Ländergruppe neue Monopolbildungen, vertreten aktiv Interessen der Kunden, den Ausschluss von sozialen Gruppen. Sie beobachten auch die langfristige Qualität der Produkte und den Ausbau der Kapazitäten. In Ländern der Stagnationsgruppe sind es oft noch Vertreter der Ex-Monopole, in der Gruppe B wird der neuen Oligopolbildung keine Aufmerksamkeit geschenkt und der Kapazitätsausbau vernachlässigt.

Die Regulierung der Arbeitsmärkte kann nicht einfach in alte Schemen eingeteilt werden. Die Flexibilitäten für Firmen sind sicher höher als in den beiden anderen Modellen, aber oft mit Auflagen und Zahlungen verbunden (bei stark schwankender Beschäftigung sind die Beiträge höher). Ebenso sind Arbeitnehmer weniger geschützt, haben aber mehr Anreize und Unterstützung bei der Suche nach neuer Beschäftigung. Diese Unterstützung ist auf hohem technischem und organisatorischem Niveau, zahlreiche private, halbprivate, öffentliche Stellen konkurrieren um die Höherqualifikation und Vermittlung. Die Beratung findet ohne den schalen Beigeschmack einer impliziten Schuldzuweisung statt und wird als Qualifizierung in einer sich rasch verändernden

Umwelt verstanden. Das starke Wachstum und die aktive Gegensteuerung der Wirtschaftspolitik machen strukturellen Wandel leichter verträglich: Makrosicherheit ermöglich Mikrowandel.

Technologische Exzellenz ist ein Ziel der Wirtschaftspolitik

Die Länder der Gruppe A haben die höchsten Einkommen, die höchsten Sozialleistungen und die anspruchsvollsten Umweltstandards. Sie haben erkannt, dass sie nur dann konkurrenzfähig sind, wenn sie auch die höchste Produktivität haben. Sie erreichen diese Position mit einer Forschungsquote von 4 Prozent, nachdem sie das Lissabonziel von 3 Prozent im Jahr 2008 erreicht hatten (die meisten Stagnationsländer und zwei Drittel der Gruppe B haben es heute noch nicht erreicht!). Der Anteil der Akademiker an den Beschäftigten beträgt 70 Prozent der Arbeitsbevölkerung. Ein erheblicher Teil der Forschung findet in den Unternehmungen statt, aber auch dieser wird durch eine aktive Innovationspolitik unterstützt. So können forschende Betriebe einen Forschungsfreibetrag von 30 Prozent als fiktive Betriebsausgaben absetzten, und der Unternehmenssteuersatz reduziert sich mit jedem Punkt Forschungs- und Ausbildungsausgaben auch um einen Prozentpunkt. Der Staat, der sich im Modell 1 aus Finanznot, im Modell 2 aus ideologischen Gründen aus der Industrie- und Dienstleistungspolitik zurückgezogen hat, betrachtet Forschung- und Ausbildungspolitik als gemeinsames Anliegen von Staat, Firmen und Konsumenten, weil der gesellschaftliche Ertrag von Forschung größer ist als der private. Er geht auch mit gutem Beispiel voran: Verwaltungseinheiten, die nicht die neueste Technologie nutzen und deren Serviceleistungen von Kunden nicht positiv bewertet werden, verlieren pro Jahr 3 Prozent ihrer Ausgabenbefugnis.

Ökologische Vorreiterposition

Alle Mitglieder der Gruppe A haben das Kyoto-Kiew-Peking-Protokoll unterschrieben, das zu einer Reduktion der Treibhausgase von 3 Prozent pro Jahr verpflichtet. Der frühere Harvard-Ökonom Michael Porter (jetzt Universität Helsinki) hat mit dem Porter-Diamanten nicht nur der Business-Welt Rezepte zur Analyse der Wettbewerbsposition von Industrien geliefert, er wurde 2015 für die damals nicht so bekannte Porter-Hypothese zur Umwelttechnologie mit dem Nobelpreis ausgezeichnet (erstmals in diesem Jahr fielen Nobelpreis und alternativer Nobelpreis zusammen). Die Porter-Hypothese besagt, dass Länder, die in der Umwelttechnologie führend sind, einen dauerhaften Konkurrenzvorteil erlangen, wenn dann die Umweltstandards schrittweise, aber doch höher gesetzt werden. Eine Metastudie zeigte, dass von 783 wissenschaftlichen Arbeiten, welche die These untersucht haben, 423 einen signifikanten Beweis für die Porter-These gefunden haben, eine Erfolgsrate von 54 Prozent ist für ökonomische Studien außergewöhnlich hoch. In allen Ländern der Gruppe 3 sind grüne Parteien zumindest vorübergehend an der Regierung, aber jedenfalls ein von allen geschätzter und umworbener Partner.

Konsensuale drei- bis vierpolige Entscheidungsstrukturen

Die Entscheidungsfindung in dieser Gruppe A hat drei Pole: Regierung, Arbeitgeber und Arbeitnehmer. In einigen Ländern kommt ein vierter Partner dazu, einmal ist es die Ökologiebewegung, dann wiederum Regionalvertreter, einmal eine Jugendvertretung, eine religiöse Gruppe oder die Pensionisten. Politik ist aber weder die Summe der Interessen von zwei Partnern (zu Lasten eines Dritten), noch wird Wirtschaftpolitik von der Regierung delegiert. Die Regierung gibt die Richtung der Reformen vor und vertritt die Interessen der Gruppen mit schwacher Interessenvertretung. Nicht immer können alle Partner mit entscheiden, aber nie ist ein Partner mehrere Male hintereinander ausgeschlossen. Die Reformen werden gut argumentiert und bei Regierungswechsel erfahrungsgemäß nicht zurückgenommen. Experten, die vorübergehend einen schlechten Ruf hatten, weil sie als langsam, bedächtig, konservativ eingestuft wurden, werden jetzt wieder Consultants vorgezogen, nachdem diese oft eher beliebige, aber immer kurzfristige, erwünschte Empfehlungen gegeben, aber nie an einer Verbreiterung des Konsens gearbeitet oder eine Verantwortung für das Scheitern übernommen haben.

Mitglieder dieser Gruppe sind fünf nordeuropäische Länder, zwei zentraleuropäische (eines war EU-Mitglied 2000, eines nicht), je drei in Post-Putin-Russland, Nordarabien, Asien und Südamerika, sowie ein nordamerikanisches Land."

Der OECD-Bericht schließt mit dem Hinweis, dass die klare Datenlage nicht darüber hinwegtäuschen darf, dass oft Erkenntnisse, wenn sie einwandfrei belegbar sind, bereits wieder veraltet sind und stark aus dem Blickwinkel bestehender Paradigmen gesehen werden, während schon neue gelten, aber noch nicht erkannt werden.

Übersicht 1: Wachstum nach Ländergruppen

Wachstum p.a.	TS–BIP	Altes BIP
Ländergruppe A	5%	3%
Ländergruppe B	1%	1,5%
Ländergruppe C	–1%	1%

Anmerkung: TS-BIP = Triple Sustainable BIP
Quelle: OECD, 2025.

Übersicht 2: Acht Kernelemente der Wohlfahrtspolitik

Privates und öffentliches Kostenbewusstsein
Langsame, aufgabenorientierte Senkung der Steuerquote
Optimierung der ökonomischen Anreize
Flexibilisierung und Re-Regulierung von Arbeits- und Produktmärkten
Technologische Exzellenz als Ziel
Ökologische Vorreiterposition
Konsensuale, drei- bis vierpolige Entscheidungsstruktur
Notwendigkeit langfristiger, konsistenter Wirtschaftspolitik

Abbildung 1: Investitionen in die Zukunft

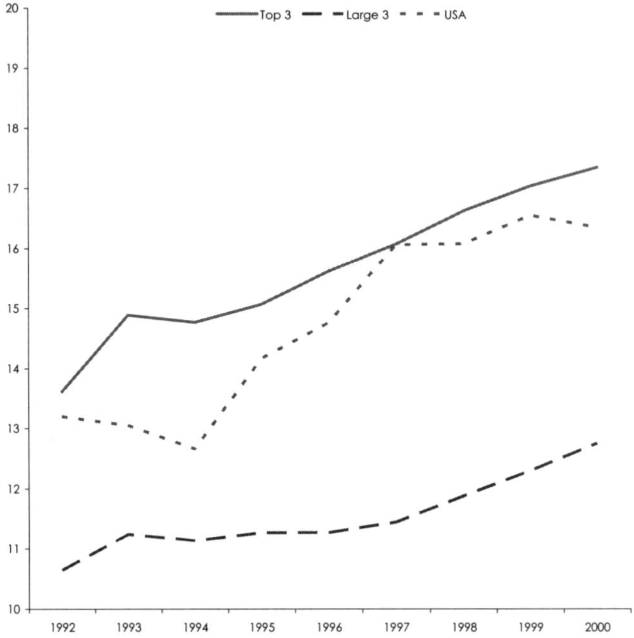

Anmerkung: Zukunftsinvestitionen = R&D-Quote + Ausbildungsausgaben + ICT-Ausgaben (relativ) zu BIP

Abbildung 2: Staatsausgaben in % des BIP

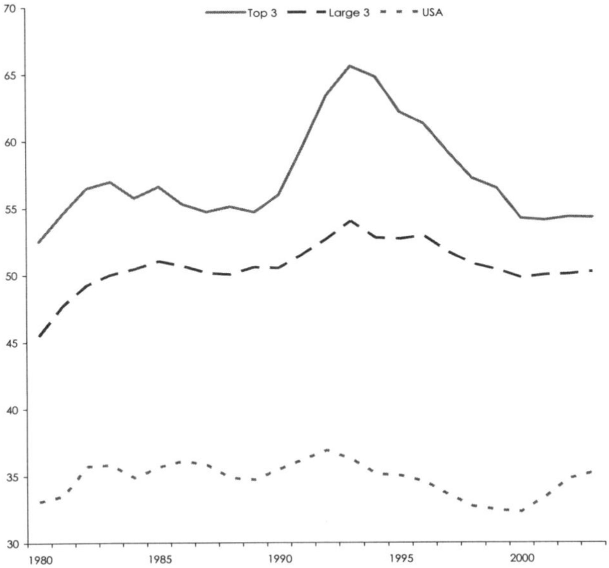

Abbildung 3: Sozialausgaben in % des BIP

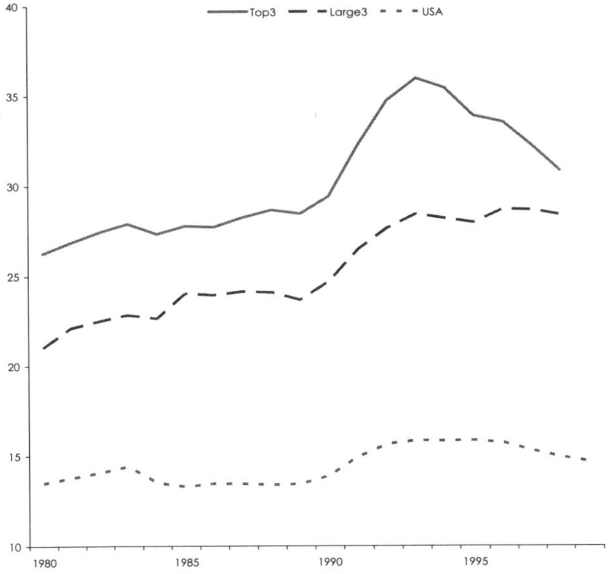

Abbildung 4: Performance Top 3 bzw. Large 3 vs. EU

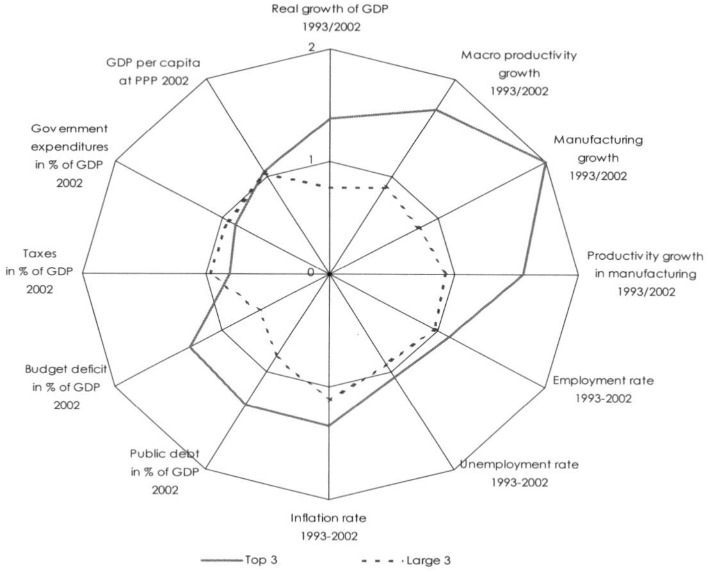

Abbildung 5: Performance Top 3 bzw. Large 3 vs. USA

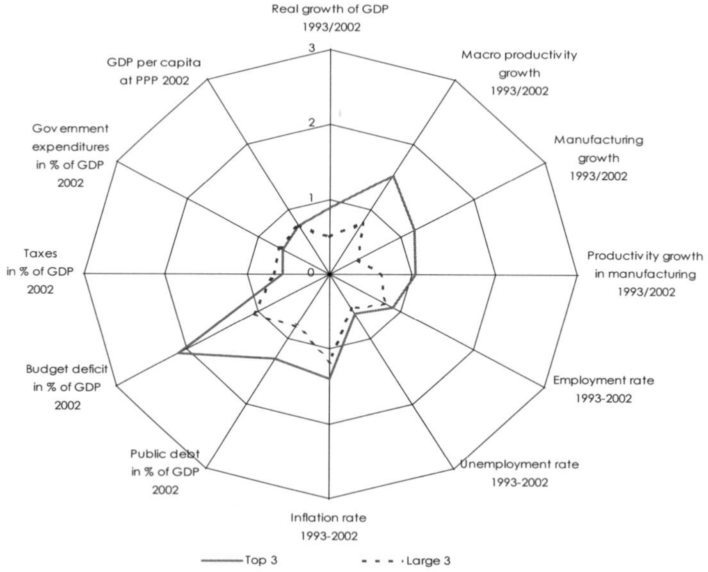

Übersicht 3: Altes vs. Neues Europäisches Wohlfahrtsmodell (NEM)

Altes Modell	Neues Modell
Arbeitsmarkt und Firmenstrategien	
Sicherheit im bestehenden Job	Unterstützung bei Arbeitssuche
Hohe Ersatzraten	Anreize, neue Jobs anzunehmen
Strukturwandel in bestehenden Firmen	Gründungen, neue Dienstleistungen
Umfassende Gesundheits-, Pensionsvorsorge	Leistungen teilweise von Eigenleistungen abhängig
Regulierung/Monopole	Flexibilität für Firmen und als Recht von Arbeitnehmern
Sichere Vollzeit-, Langzeitjobs	Teilzeitverträge als bewusste Wahl (mit Regeln)
Elemente der Wohlfahrtspolitik	
Vorrang Preisstabilität	Vorrang Wachstum und Produktivität
Asymmetrisch steigende Defizite	Fiskalische Stabilität (über Zyklus)
Anreize für Investitionen (Bau, Ausrüstung)	Forschung, Ausbildung und Diffusion von Technologien
Industriepolitik (Kredite)	Förderung von Regionen, Industrieparks
Industrielösungen, laxe Wettbewerbspolitik	Gründungsförderung, Venture Capital, Stärkung von Clusters

Literatur

AIGINGER, K., The New European Model of the Reformed Welfare State (NEM-RWS), European Forum Working Paper 2/2002, Stanford University

AIGINGER, K., Growth difference between Europe and the US in the nineties: causes and likelihood of persistence, European Forum Working Paper 1/2002, Stanford University

AIGINGER, K., & LANDESMANN, M., Competitive economic performance: the European view, Conference on Transatlantic Perspectives on US-EU Economic Relations: Convergence, Conflict & Cooperation, Harvard University, April 2002 WIFO Working Paper No. 179, June 2002

AIGINGER, K., A three tier strategy for successful European countries in the nineties, in: WIFO Working Paper No 205, 2003

OECD, Ein Bericht über die sozioökonomische Entwicklung 2000 bis 2025, Paris 2025, unveröffentlicht, darf nicht zitiert werden!

Werner Clement

Szenarien zur Wirtschaftsentwicklung Österreichs

Dialektik: Schumpeter'sche Evolution und konstruktivistische Projektion[4]

L'AVENIR, TU N'AS POINT
À LE PRÉVOIR MAIS À LE PERMETTRE
ANTOINE DE SAINT-EXUPÉRY

I. Vorbemerkung

Der österreichische Volkswirtschaftler und Soziologe Joseph A. Schumpeter hat seine Konzeptionen nie mit mathematisch-formaler Strenge bzw. empirischer Evidenz unterlegt. Vielmehr wird man mit verbalen Abhandlungen konfrontiert, deren strikte Unterwerfung unter ein Falsifikationskriterium nicht möglich ist. Dennoch ist zu fragen, ob nicht ein Schumpeter'scher Ansatz zum Verständnis möglicher herankommender Entwicklungen genauso nützlich oder auch genauso fehlerhaft sein mag wie hoch entwickelte formalisierte Prognoseverfahren. Auf

4 Man könnte auch formulieren: Wie würde Friedrich A. von Hayek (oder auch Antoine de Saint-Exupéry oder ein Sufi) einen Diskurs mit Cartesianern führen?

jeden Fall erscheint eine Dialektik, welche beide Zugänge aufnimmt, wichtig für das Verständnis und die Gestaltung der bevorstehenden Zukünfte. Mit anderen Worten: Man kann sowohl aus dem Ansatz der „Austrian Economics“ (in einem weiten Verständnis) mit ihrer Betonung von Verhaltensweisen, Anreizen, der spontanen Ordnung, der dynamischen Entwicklung und breiter sozialökonomischer Betrachtung schöpfen als auch aus rational-konstruktivistischen Verfahren der empirisch fundierten Prognostik.

Dabei ist es – ganz am Rande – auch reizvoll (und würde auch der Schumpeter'schen Tradition entsprechen), solche umfassenderen Ansätze aus einem weiten kulturhistorischen Kontext zu verstehen. Tatsächlich ist der Disput der „Austrians“ (oder genauer jener von Friedrich Hayek) mit Spielarten des Cartesianismus bzw. der Gleichgewichtsökonomik wohl auch eine Zeiterscheinung der 30er und 40er Jahre des 20. Jahrhunderts. Dieser alte Disput, welcher sich u.a. schon im Sufismus findet, hat sich im erwähnten Zeitraum wieder entzündet und findet sich offensichtlich im „Zeitgeist“ auch in der Literatur, insbesondere bei Antoine de Saint-Exupéry[5].

Entlang solchen Linien sollen nachfolgend „in verzweifelter Kürze“ (Schumpeter) einige Reflexionen zur Wirtschaftsentwicklung Österreichs angestellt werden, ohne allerdings dabei in Versuchung zu geraten, gemäß Matthias Horx oder anderen Zukunftsforschern ein prophetisches Bild des nächsten Jahrzehntes zu skizzieren.

II. Politische Steuerung benötigt zur Zielerreichung gesellschaftliche Akzeptanz

Vorweg: Außer bei Utopisten oder radikalen Gesellschaftsreformern muss in einem Entwicklungsmodell der Gesellschaft der von Individuen gebildete Wille berücksichtigt werden. Dabei ist es auch problematisch – quasi in einem Neuaufguss einer Harmonie zwischen der *volonté générale* mit der *volonté de tous* – vorzutäuschen, dass die demokratische Staatsführung „wohlmeinend“ den Allgemeinwillen richtig inter-

[5] Z. B.: „... combien d'efforts on se donne pour l'équilibre de la vie, malgré que la vie soit absente quand l'équilibre est fait.“ (Saint-Exupéry, A. de, Citadelle, Paris 1948, S. 135)

pretiere und dabei leider noch mit einem gewissen Unverständnis konfrontiert sei. Solange ein politisches System prinzipiell die gegebene Sozialverfassung (Demokratie, sozialer Konsens und z.T. Konsumentensouveränität) akzeptiert, kann es übergeordnete politische Ziele nicht auf Dauer gegen gesellschaftliche Präferenzen mit Gewalt durchsetzen. Ökonomisch ausgedrückt bedeutet dies, dass Parameter der Wirtschaft, wie Spar-, Konsum-, Investitionsquote oder Erwerbsneigung, Forschungsquote, bzw. die Präferenzen gegenüber Sozialisierung versus Privatisierung individueller Risken zwar durch politische Anreize und Sanktionen („Rahmenbedingungen") beeinflusst, aber nicht diktiert werden können. Darüber konnten sich weder der „hydraulische" Keynesianismus noch die Planwirtschaft hinwegsetzen. Das Spannungsfeld individueller versus kollektiver Kräfte macht letztendlich das „Mischungsverhältnis" des jeweiligen wirtschaftspolitischen Ordnungsmodells aus. Gemäß Paretianischer Wohlfahrtsökonomie bedeutet dies: Wirkenlassen der Marginalbedingungen bei Akzeptanz der Totalbedingungen. Bekanntlich sind Änderungen der politischen und gesellschaftlichen Verfassung (also Reform des Sozialvertrages bzw. der Totalbedingungen) sehr schwer durchzusetzen. Im Grunde ist solchen Reformen nur dann Erfolg beschieden, wenn ein „Drohpotenzial" einer gesellschaftlichen Gruppe (als Konsequenz von unterlassenen Maßnahmen) glaubhaft kommuniziert werden kann (vgl. James M. Buchanan.)

Solch grundlegende Einsichten einer Politökonomie des Sozialvertrages könnten mit Nutzen auf den gegenwärtigen Reformeifer in Österreich angewendet werden. Man kann sich des Eindrucks nicht erwehren, dass zwar viel Überkommenes verändert wird, es aber dennoch nicht klar ist – und schon gar nicht klar kommuniziert wird –, wohin der Weg gehen soll und mit welchen Steinen er gepflastert ist. Das hat zur Folge, dass die Bevölkerung, die Wähler, der Markt usw. nicht oder nur widerwillig mitgehen. Was nötig wäre: eine Aufbruchstimmung zu erzeugen! Also so etwas wie einen *„New Frontier"*-Geist (oder die Erhard'sche „Seelenmassage", oder die Kreisky'schen 1.400 Experten …). Für gut vorangetragene Programme sind Menschen begeisterungs- und auch leidensfähig. Damit würde der Aufbruch nicht nur von einer breiten Basis getragen, sondern quasi zu einer selbsterfüllenden Prognose. Erfolg, Prosperität oder Wettbewerbsfähigkeit hängen weniger von Blaupausen ab als von einer gekonnten Lenkung der Anreize.

III. Einige aktuelle sozialökonomische Grundtendenzen

In guter österreichischer Tradition muss vor dem Einstieg in die Erörterung von Zukunftstrends ein Blick in die Vergangenheit und in die Gegenwartsdiagnose gemacht werden. Dazu einige stenogrammartige Thesen:

1. Das österreichische Modell des solidarischen Konsenses und der „korporatistischen Marktwirtschaft“, welches seit dem Zweiten Weltkrieg Bestand hatte (auch in der ÖVP-Alleinregierung 1966–1970, vgl. großes und kleines Verbändekomitee), ist seit dem Jahr 2000 in Auflösung.
2. Eine Säule des österreichischen Nachkriegs-Wirtschaftswunders, die „Sozialpartnerschaft“, ist de facto gefällt, Reste werden vereinzelt noch in Anspruch genommen (wie z.B. beim AUA-Streik). Die früher sozialpartnerschaftlich akkordierte Sachgrundlage des „Beirats für Wirtschafts- und Sozialfragen“ wurde über Bord geworfen, andere neutrale Sachverständigengremien gibt es nicht. Ebenso ist die solidarische Lohnpolitik beendet, an deren Stelle neue Verhandlungsformen und Inhalte unter dem Deckmantel alter Prozeduren getreten sind. Das Sozialsystem wird gleichzeitig ausgebaut, aber auch mit tiefen Schnitten versehen, wobei Politüberlegungen gegenüber dem, was wirtschaftlich verkraftet werden kann, im Vordergrund stehen.
3. Seit dem Jahr 2000 wird wirtschafts- und sozialpolitisch ein Reformkurs gesteuert, dessen ordnungspolitische Fundierung aber diffus ist.
4. Von Kritikern wird dieser Kurs als „neoliberal“ kritisiert, aber liberal oder „neoliberal“ (was immer dieses *epitheton ornans* bedeutet) kann dies wohl nicht sein, wenn eine extreme Staatsquote verzeichnet wird, wenn sich der Staatseinfluss vielerorts verfestigt, wenn der Kapitalmarkt nicht wirklich dem Konkurrenzmodell nahe kommt usw. Vor diesem Hintergrund nimmt es nicht Wunder, wenn sich bei den Staatsbürgern eine gewisse ideologische Orientierungslosigkeit ausbreitet.
5. Ungeachtet dieser Problematik bedürfen die angegangenen Problemfelder tatsächlich einer Reform.

6. Es genügt, hier die bekannten Themen stichwortartig aufzuzählen:
   - Reduzierung der Staatsverschuldung
   - Senkung der Abgabenquote
   - Pensionsreform
   - Gesundheitsreform
   - Reform der Infrastruktur
   - Weitere Privatisierung und Entstaatlichung
   - Konvent einer neuen Verfassung usw.

Dies alles ist zu bewältigen vor den gewaltigen *Herausforderungen* für das kommende „Rumpf-Jahrzehnt" wie z.B.:

- Reorganisation der EU,
- Ostöffnung,
- nordatlantischer Wettbewerb,
- Wettbewerb Ostasiens (die „globale Fabrik" China mit 1,3 Milliarden Einwohnern und einem jährlichen Exportwachstum von 20–30 Prozent) mit erweitertem Europa (mit 400–500 Millionen Einwohnern).

Ganz plakativ hat dies gravierende ökonomische Konsequenzen wie:

- verschärfter Preis-/Kostenwettbewerb,
- Produktionsverlagerungen sowie Umlenkung der Handelsströme.

Die sozialen Folgen sind ebenfalls leicht absehbar wie:

- Risiko großer Verteilungskonflikte,
- Generationenproblem.

Vor diesem Hintergrund sind nun in der Schumpeter'schen Tradition Szenarien zu entwickeln.

IV. „Szenarien" der sozioökonomischen Entwicklung für 2010

Szenarien fußen – wirtschaftspolitisch betrachtet – auf einer Dialektik zwischen einer

- empirisch-rationalen und einer
- evolutorischen Basis (*„pattern detection"* einer sozialökonomischen Entwicklung).

1. Hypothesen zur empirisch-rationalen Fundierung

Ökonometrische Modellierungen und Projektionen der Gesamtwirtschaft sind – wohl wegen mangelnden Erfolges – etwas aus der Mode gekommen. Dennoch vermag die Extrapolation einiger makroökonomischer Indikatoren Licht auf die zu erwartenden Randbedingungen zu werfen. Dazu einige Eckdaten:

Zentralproblem: Schwäche des Wirtschaftswachstums
Hierzu zwei reizvoll kontrastierende Zitate:

Lisbon European Council, March 2000:

„The Union is experiencing its best macro-economic outlook for a generation." (§3) „If the measures set out below ..., an average economic growth rate of around 3% should be a realistic prospect for the coming years." (§ 6)

Brussels European Council, March 2003:

„The economic slowdown has lasted longer than anticipated and the outlook is clouded by economic uncertainties and global political risks." (§ 15)

In Zahlen ausgedrückt stellt sich dies wie folgt dar:

Wachstumsraten des realen BIP in Prozent gegenüber dem Vorjahr

	Österreich	EU	OECD
2000	3,5%	3,5%	3,8%
2001	0,5%	1,6%	0,8%
2002	1,1%	1,0%	1,8%
2003	0,7%	0,5%	1,4%
2004	1,7%	1,5%	2,0%

Quelle: WIFO, für 2004 Prognose

Abbildung 6: Wirtschaftswachstum im internationalen Vergleich (reales BIP-Wachstum)

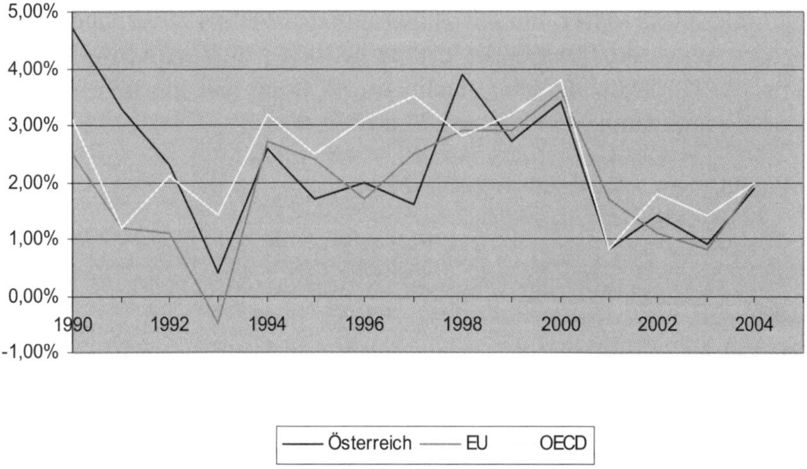

Die Konsequenzen dieses flachen Wachstumspfades sind das Kernproblem der Wirtschaft (nicht nur) Österreichs im laufenden Jahrzehnt. Bei schwachem Wirtschaftswachstum nahe an der Stagnation stößt man allenthalben vehement an Finanzierungsgrenzen. Verteilungspolitisch betrachtet, werden nicht wie bisher Zuwächse an verschiedene Gruppen mehr oder weniger verteilt, sondern man gerät zunehmend in den Bereich der Umverteilung. Früher konnten Ausweitungen des Sozialsystems aus der wachsenden Wirtschaft finanziert werden. Bei gleich bleibenden Sozialansprüchen muss es aber bei quasi stagnierender Wirtschaft zwangsläufig zu Sozialkonflikten kommen. An dieser Situation ist aber nicht der so genannte „Neoliberalismus" schuld, sondern vielmehr die makroökonomischen Bedingungen insgesamt. Dabei bewegt man sich in einem *circulus vitiosus*: Die öffentlichen Finanzen sollen gleichzeitig Impulse geben und saniert werden[6]. Strukturreformen sind also angesagt, nur: Wie können diese politisch umgesetzt werden?

[6] Lehner, G.: „Das österreichische Steuer- und Abgabensystem ist bei unveränderter Rechtslage (schon seit langem) durch sinkende Aufkommenselastizitäten geprägt. In der Folge wurden immer wieder diskretionäre

Verläufe der Investitionen:
Kommt die Erholung der Investitionsneigung?

Eng verkoppelt mit der Wachstumsschwäche ist die Investitionsschwäche. Hier muss nach dem Einbruch in den Jahren 2001 bis 2003 abgewartet werden, ob die konjunkturelle Erholung 2004 gemeinsam mit der Reform der Körperschaftsteuer nachhaltig Wirkung auf die Investitionsneigung und damit Standortqualität ausübt.

Investitionen – Österreich 2000–2004
Reales Wachstum, in % gegenüber Vorjahr

	Ausrüstung	Bau	Gesamtinvestitionen
2000	11,80%	1,20%	5,90%
2001	-2,90%	-1,50%	-2,20%
2002	-9,30%	-0,50%	-4,60%
2003	2,00%	1,40%	1,70%
2004 Progn.	2,00%	1,70%	1,80%

Quelle: Statistik Austria, WKO

Maßnahmen ergriffen (wie in den Jahren 1996/97 und 2000/01), um die fiskalische Funktion des Steuersystems zu gewährleisten. Die globale Aufkommenselastizität liegt für die Periode 2002/2010 bei 0,92 und wird aus folgenden Gründen von unterschiedlichen Annahmen über die Wirtschaftsentwicklung kaum beeinflusst: Mehr als 55 % der gesamten Einnahmen aus Steuern und Abgaben hängen von der Lohnsumme ab, die schwächer als das nominelle Bruttoinlandsprodukt wächst; dies dämpft die Aufkommenselastizität. Weiter kann die Progressionswirkung der einkommensabhängigen Steuern die schwächere Aufkommenselastizität der Umsatzsteuer und der sonstigen Verbrauchsteuern nicht ausreichend kompensieren. Zum dritten ist der Anteil der mengenabhängigen Steuern (mit geringer Aufkommenselastizität) in Österreich noch immer verhältnismäßig hoch. Aufgrund der abnehmenden Aufkommenselastizität würde die Abgabenquote bis 2010 unter 44 % sinken. Dadurch steigt (bei ausgeglichenem Haushalt) der Druck auf die Ausgaben.“ In: Längerfristige Entwicklung der Steuern und Abgaben in Österreich, WIFO Monographien 11/2002

Abbildung 7: Investitionen – Österreich

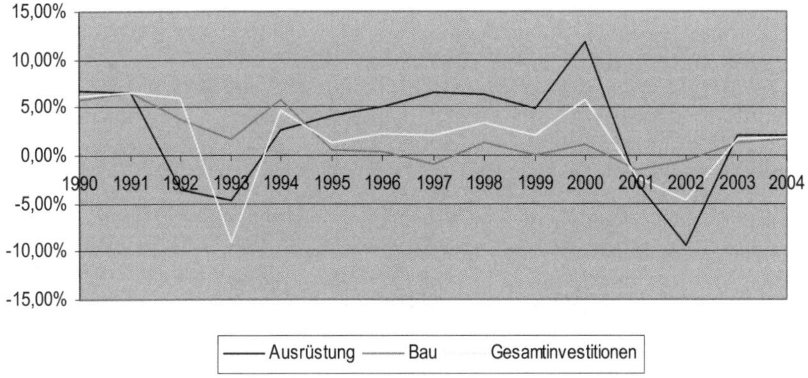

Verlauf der Abgabenquote:
Neoliberal mit einer solchen Staatsquote?

Obwohl es bekanntlich vielerlei Wahrnehmungsmöglichkeiten der Realität gibt, übersteigt es den Realitätssinn eines Ökonomen beträchtlich, dass bei einer Abgabenquote von über 45 Prozent dieses wirtschaftspolitische Gefüge – und dessen Finanzminister im Besonderen – mancherorts als „neoliberal" bezeichnet wird. Assoziiert man den engen budgetären Spielraum mit Möglichkeiten der Strukturpolitik, so bekommt man eine Vorstellung über die Begrenztheit, tatsächlich eine wachstumsbezogene Wirtschaftspolitik realisieren zu können.

Globale Abgabenquoten (Steuern und Sozialversicherungsbeiträge in % des BIP)

	1990	1998	2001	2002
Österreich	40,70%	44,40%	45,40%	44,20%
EU-15	40,70%	41,80%	41,50%	40,70%

Quelle: WKO

Abbildung 8: Abgabenquote – Österreich und EU-15

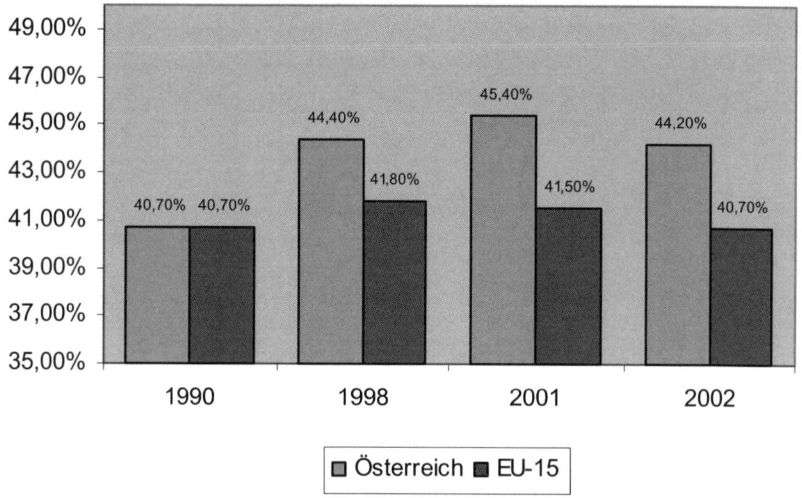

Verlauf der Sozialquote: Soziales Crowding out?

Ähnliche Argumente wie bei der allgemeinen Abgabenquote können bei der Sozialquote im Speziellen angebracht werden. Verkürzt formuliert ist zu fragen, in welchem Ausmaß das *„social crowding out"* eine Wachstums- und Strukturpolitik in Österreich überhaupt zulässt.

Sozialabgabenquote (Pensionen, Krankheit, Invalidität, Familie, Arbeitslosigkeit, Sonstiges) im internationalen Vergleich für 2000

Österreich	28,7%	Belgien	26,8%
EU-15	**27,3%**	Griechenland	26,4%
Schweden	32,3%	Finnland	25,2%
Frankreich	29,7%	Italien	25,2%
Deutschland	29,5%	Portugal	22,7%
Dänemark	28,8%	Luxemburg	21,0%
Niederlande	26,8%	Spanien	20,1%
Großbritannien	27,4%	Irland	14,1%

Quelle: eurostat

Abbildung 9: Sozialquoten 2000 – internationaler Vergleich

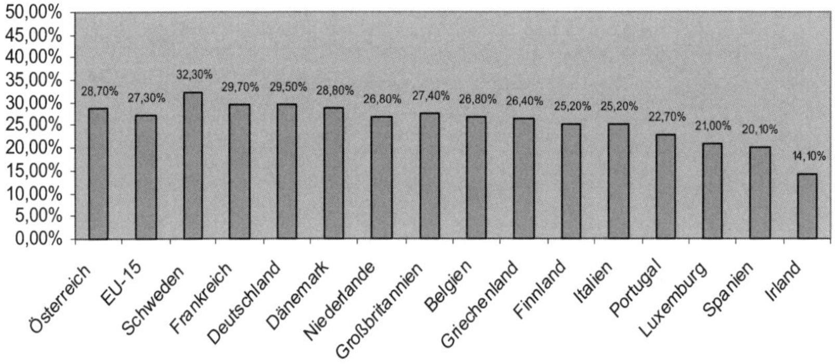

Verläufe der Forschungsausgaben: Wunschziel und Wirklichkeit

Sonderprogramme haben zur Verbesserung von Forschung und Entwicklung und damit zur besseren Positionierung der Forschungsquote signifikant beigetragen. Dennoch zeigt eine aktuelle Prognose, wie weit die österreichische Quote von den Lissabon-/Barcelona-Zielen der EU noch entfernt ist. Damit ist zumindest von Seiten dieses zentralen Inputindikators der Impetus für das österreichische Wirtschaftswachstum ungewiss.

Forschungsquote in % des BIP

	Prognose WIFO	Zielvorgabe
2002	1,95%	1,95%
2003	1,97%	1,96%
2004	2,00%	2,14%
2005	1,98%	2,32%
2006	1,96-2,06%	2,50%

Quelle: Statistik Austria: WIFO-Prognose

Abbildung 10: Forschungsquoten – Zielvorgaben und Prognose

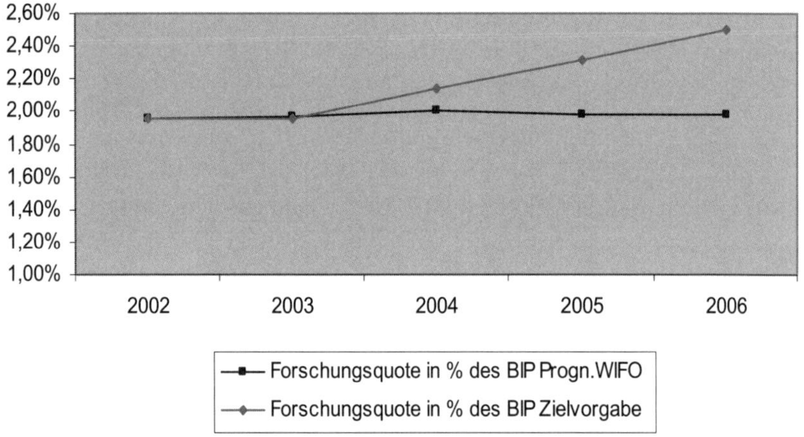

Ergänzt soll noch werden, dass der Bund die F&E-Budgets bei Weitem nicht so stark ausgeweitet hat wie angekündigt. In der Vergangenheit (1999–2001) zeigte sich, dass die Sondermittel des Bundes regelmäßig zu hohen Kürzungen der Ordinarien führten, so dass der Nettoeffekt auf die Steigerung der F&E-Ausgaben stark gedämpft wurde.

F&E-Fördermittel des Bundes: Sondermittel und Entwicklung des ordentlichen Budgets, in Mio. €

	1999	2000	2001
Sondermittel des Bundes	46,7	60,9	137,0
F&E Voranschlag	1185,6	1167,8	1340,0
Kürzung der ordentlichen Mittel	31,5	3,3	126,3
Nettomittelzufuhr zu F&E	1200,8	1225,4	1350,7
Budgetkürzung relativ zu Sondermitteln	**67,45%**	**5,42%**	**92,19%**

Quelle: Statistik Austria 2003, S. 436

Gemischtes Bild bei Indikatoren der Humanressourcen, des Arbeitsmarktes und der Unternehmensperformance

Es würde diesen Rahmen sprengen, hier weitere Indikatoren genauer zu kommentieren. Für eine umfassende Analyse wäre es jedenfalls z.B. verdienstvoll, darzustellen,

- inwieweit ausreichend hoch qualifizierte Humanressourcen, insbesondere Naturwissenschaftler und Techniker zur Verfügung stehen,
- inwieweit sich der Arbeitsmarkt trotz Frühpensionierungen und niedriger Frauenerwerbsquote (bei fast 40-prozentiger Teilzeitquote) ungünstig entwickelt und möglicherweise sogar Kennzeichen eines dualen Arbeitsmarktes erfährt und
- inwieweit die Unternehmen in Österreich im internationalen Vergleich (mit Schweden, Finnland, den Niederlanden …) eine mindestoptimale Größe erreichen, um auf schwierigen Auslandsmärkten einen entsprechenden Marktanteil zu erringen.

2. Hypothesen zu Mustern und Anreizen sozioökonomischer Entwicklung

Im Gegensatz oder vielleicht als Ergänzung zu quantifizierenden Tendenzabschätzungen geht es in der Tradition der Austrians um *„pattern detection"*. Auch hierzu einige Illustrationen:

Tendenzen internationaler „Muster"

Was tritt anstelle der Schumpeter'schen Dichotomie: Kapitalismus versus Sozialismus? Obwohl Österreich bekanntlich eine Insel der Seligen ist, wird sich dieses Land nicht den globalen Tendenzen entziehen können, wozu folgende Schlagworte dienen können:

- Hegemonialer Kapitalismus US-amerikanischer Prägung
- Bürokratisch-zentralistischer Staatenbund mit gemischten Wirtschaftsordnungen („EU")
- Partei-oligarchischer Kapitalismus mit zentralistischer Rahmenplanung und dezentraler Lokalplanung in China
- Wachsender Dritte-Welt-Anteil

Konsequenz für Österreich

AUSTRIA NEEDS TO EMBRACE STRUCTURAL REFORMS TO MAINTAIN BUDGET CONSOLIDATION AND BOOST ECONOMIC GROWTH ...

OECD, COUNTRY REPORT 2003

An welche Grenzen die Realisierung dieses Leitmotivs durch internationale Einflüsse stoßen kann, sei durch einige rekapitulierende Stichworte illustriert:

- **Produktionsverlagerungen und gesellschaftliche Umschichtung durch die Ost-Integration**
  Im Grunde fehlen alternative Extrapolationen dafür, wie die neue Arbeitsteilung zwischen Österreich und den neuen EU-Ländern aussehen kann. Gleichzeitig zeigt sich immer deutlicher die Umschichtung in Österreich selbst, vor allem bei der kleinbetrieblichen Struktur. Erinnerungen an die Zuwanderung vor dem Ersten Weltkrieg werden wach.
- **Spitzenleistungen versus *Fun Society***
  Es besteht kein Zweifel, dass bei hohen Arbeitskosten die Wettbewerbsfähigkeit durch Spitzentechnologien und Spitzenforscher bestimmt wird. Hier gibt es viel versprechende Initiativen der Rückholung von österreichischen Spitzenforschern aus dem Ausland. Allerdings ist die Breitenwirkung fraglich, da die konkreten Berufschancen für viele Absolventen bei flachem Einkommensprofil noch eher begrenzt sind. Dabei wäre allerdings auch zu erheben, inwieweit klar ist, dass internationale Wettbewerbsfähigkeit von der Qualität der besten Ausbildungsstätten, von Selektionsmechanismen und Leistungswillen abhängt.
- **Forschung und Entwicklung benötigen kritische Massen**
  In vielen Bereichen der hoch technologischen Forschung (Informations- und Kommunikationstechnologien, Entwicklung neuer Medikamente, breite Entwicklung der Nanotechnologie usw.) sind derart große Einheiten vonnöten, dass kleinere Staaten/Unternehmen nicht mehr mitkönnen. Hier kann die viel zitierte Nischenrolle Österreichs an Grenzen stoßen.

Wie steht es mit grundsätzlichen ordnungspolitischen Kategorien?
Geht man über mechanistisch-konstruktivistische Ökonomievorstellungen hinaus, so gewinnen Kategorien, welche als Anreize, zur Motivationsbildung, für Handlungsalternativen usw. konstitutiv oder regulierend sind, an Bedeutung. Diese Kategorien würden in Österreich ein systematisches Interesse von (mutigen) Ökonomen verdienen.

- **Eigentum**
  Hier wird die Diskussion spätestens seit 2000 durch das Thema Privatisierung dominiert. Sie hat damit frühere Auseinandersetzungen um ausländisches Eigentum (vgl. Arbeiterkammer: Wem gehört Österreich?), die Rolle staatlichen Eigentums (oder zumindest der Kernaktionäre), Transformation von Sparkapital und das Problem großer Kapitalsammelstellen in den Hintergrund gerückt. Lehnt man sich an Schumpeter an, so ist dies von geringem Schaden, da privates Eigentum nur eines der Motive für die Unternehmerfunktion ist; es spielt bei den Motiven „Siegenwollen" und „Freude am Gestalten" kaum eine Rolle.[7] Ob dies in der Realität so bestätigt wird/wurde, sei dahingestellt.
- **Unternehmergewinn**
  Im Lande Schumpeters war das Herausstreichen von Unternehmensgewinnen bis vor kurzem stark verpönt. Dabei wäre ein lapidares Zitat am Platze: „Ohne Entwicklung kein Unternehmergewinn, ohne Unternehmergewinn keine Entwicklung … ohne Unternehmergewinn auch keine Vermögensbildung …"[8]
- **Soziale Absicherung und Erwerbsneigung**
  Es ist im Licht der jüngsten Pensionierungswellen beileibe kein Sarkasmus, wenn das Streben nach einer staatlichen Pension in Österreich – im Gegensatz zu den ebenfalls durchaus sozial engagierten skandinavischen Ländern – als eines der höchsten Güter angesehen werden muss. Die Folgen für die Erwerbsquote und die Stilllegung von Humankapital sind allerdings gravierend. Es ähnelt fast der Problematik des Gefangenendilemmas, dass diese individuell rationale Flucht in die Rente die Finanzierbarkeit der Pensionen (und anderer Bereiche des Sozialsystems) gefährdet.

---

7 Theorie der wirtschaftlichen Entwicklung, 9. Aufl., Berlin 1997, S. 139
8 Theorie der wirtschaftlichen Entwicklung, a.a.O. S. 236

Es ist weiter auch nur politökonomisch verständlich, dass wegen des hohen Stellenwertes des Gutes „soziale Absicherung“ vom Staat kontraproduktive Anreize gesetzt werden. Neben der bekannten Diskussion um die gewaltigen Kosten der Frühpensionierungswelle sollen auch quasi als „Tabubruch“ gegenüber dem herrschenden System noch weitere Beispiele angeführt werden:

- ☐ Akzeptanz langer Studiendauer
  Junge und leistungsfähige Personen beteiligen sich – gefördert durch nahezu kostenlose Versicherung und Sozialleistungen – durch späten Eintritt ins Erwerbsleben um Jahre verzögert an der Tragung der sozialen Kosten. Die höchsten Kosten des Studiums sind somit die sozialen Opportunitätskosten, resultierend aus entgangenen Steuern und Sozialabgaben.
- ☐ Disincentives für Frauenerwerbstätigkeit
  Die Anreize, nach Geburten nur mehr halbtags, geringfügig beschäftigt oder gar nicht zu arbeiten, sind massiv (Kindergeld für zweieinhalb Jahre, faktische Benachteiligung von Ganztags- gegenüber Halbtagsjobs wegen höherem Grenzsteuersatz und Kosten für Haushaltsführung etc.). Gesamtwirtschaftlich wäre also die faktische Vernichtung von Humankapital bei Frauen zu evaluieren, ebenso wie das Problem, bei der Sozialversicherung mit relativ geringen Beiträgen nachhaltig vollen Versicherungsschutz zu genießen.

- **Entrepreneurship**
  Es gehört zu den wirtschaftshistorisch gut dokumentierten Paradoxien, dass im Lande Schumpeters das Unternehmertum spärlich entwickelt ist oder von Immigranten zur Blüte gebracht wurde. Österreich befindet sich in jüngerer Zeit allerdings in einem ähnlichen europäischen Umfeld: *„... recent data showed that Europe does not exploit its entrepreneurial potential. According to a 2002 Eurobarometer survey, Americans were involved in three times more entrepreneurial ventures than Europeans. European firms grow at a slower pace and, in the 1990s, only one in twenty SMEs could be qualified as a ‚gazelle‘ as against one in five in the US.“* Da hätte in Europa wohl auch eine Sendereihe wie in China *„Passionate Business Creation“* (CCTV – 2) nur eine geringe Seherfrequenz.

Völlig fehlt ein Aspekt, den Joseph Schumpeter „Kultursoziologie“ genannt hat, wo die „Führeraufgabe“ sowie der Wille zum *„Empire-building“* des Unternehmers beschrieben werden.[9]

V. Alternative Zukünfte als Ergebnis und Provokation

Zum Schluss können aus der Dialektik von empirischer Extrapolation und Mustererkennung, versehen mit einem gehörigen Schuss Provokation, einige alternative Zukünfte gezeichnet werden:

Ein Österreich des Neo-Biedermeiers

- Langsam wachsendes Pro-Kopf-Einkommen,
- aber auch Zurückschrauben der Ansprüche;
- Vorliebe für Natur, Wellness, Sport, Musik (MTV, Starmania und Musikantenstadel), viel Freizeitaktivitäten, Fun,
- „Cocooning“.
- Wirtschaftsstruktur: Wachsen von Tourismus und Entertainment, Rückgang der Industrie, Produktionsverlagerungen.

Zwei-Klassen-Österreich mit einer erheblichen Pauperisierung

- Weitere Sozialansprüche; aus polit-ökonomischen Gründen (Stimmenmaximierung) werden Sozialprogramme zwar ausgeweitet, gleichzeitig aber höhere (indirekte) Belastungen vorgenommen, sodass nach einer gewissen Zeitverzögerung eine gesellschaftliche Spaltung auftritt in eine Mehrheit von Einkommensschwachen und eine Minderheit von jenen, die ihre Interessen retten konnten.

---

[9] Schumpeter zu Eigenschaften des Unternehmers: „Allein wir bemerken, dass sich bei solchen Leuten geradezu eine bemerkenswerte Gleichgültigkeit, ja selbst Abneigung, gegen untätigen Genuß zeigt.“ ... „Er schafft rastlos, weil er nicht anders kann, er lebt nicht dazu, um sich des Erworbenen genießend zu erfreuen.“... „Da ist ... der Traum und der Wille, ein privates Reich zu gründen ...“ ... „Da ist dann der Siegerwille. Kämpfenwollen einerseits, Erfolghabenwollen des Erfolges als solchen wegen andrerseits ... Gewinngröße als Erfolgsindex. ...Wirtschaftliches Handeln als Sport.“ Schumpeter, J., Theorie der wirtschaftlichen Entwicklung, a.a.O., S. 136 ff.

- Wirtschaftsstruktur: Verstärkung eines primären und sekundären Arbeitsmarktes.

Österreich im Barcelona-Lissabon-Geleitzug

- Es gibt einen nationalen Konsens zur Neuorientierung Österreichs (nach dem Vorbild von Finnland oder Schweden).
- Die Anstrengungen greifen, die österreichische Wettbewerbsfähigkeit im Einklang mit dem EU-Prozess zu verbessern.
- Die Förderung von Forschung und Technologie erreicht durch weitere Sonderprogramme und Budgetumschichtungen ungefähr die Lissabon-Ziele.
- Kompetenzzentren erreichen international relevante Größenordnungen.
- Sachverständigenbeiräte dürfen wieder die Wirtschafts- und Technologiepolitik beraten und werden berücksichtigt.
- In der Bildungspolitik darf von Selektion und Eliten gesprochen werden.
- Die Sozialprogramme werden durch Strukturmaßnahmen auf ein internationales Maß gebracht und Wirtschaftswachstum wird als Tragsäule anerkannt.
- Disincentives bei der Erwerbsbeteiligung werden abgebaut.
- Die Positionierung Österreichs bei den neuen EU-Ländern verbessert sich sogar noch.
- Es gibt ein mehrheitlich konsentiertes Aktionsprogramm „Österreichs Aufbruch zu einer führenden Wirtschafts- und Gesellschaftsnation“.

Literatur

Internet-Statistiken: Österreichisches Institut für Wirtschaftsforschung, Statistik Austria, OECD, Eurostat

EDQUIST, C., Systems of innovation. Technologies, institutions and organizations. Series: Science, technology and the international political economy (ed. John de la Mothe), Pinter, London and Washington 1997

FREEMAN, C., The economics of innovation. An Elgar Reference Collection, 1990

HANUSCH, H., Evolutionary economics. Applications of Schumpeter's ideas. Cambridge University Press, 1988

SAINT-EXUPÉRY, A. DE, Citadelle, Gallimard, Paris 1948

SCHERER, F. M., & PERLMAN, M., Entrepreneurship, technological innovation, and economic growth. The University of Michigan Press, Ann Arbor 1992

SCHUMPETER, J. A., Kapitalismus, Sozialismus und Demokratie, 7. Aufl., Tübingen, Basel 1993

SCHUMPETER, J. A., Beiträge zur Sozialökonomik. Böhlau Verlag Wien, Köln, Graz 1987

SCHUMPETER, J. A., Theorie der wirtschaftlichen Entwicklung. Eine Untersuchung über Unternehmergewinn, Kapital, Kredit, Zins und den Konjunkturzyklus. Duncker & Humblot, Berlin 1997

SHAH IDRIES, Die Sufis, 11. Aufl., Kreuzlingen, München 2000

WITT, U., Studien zur Evolutorischen Ökonomik I., Schriften des Vereins für Socialpolitik, Band 195/I, Duncker & Humblot, Berlin 1990

Michael A. Landesmann

Österreich und Mittel- und Osteuropa: bis 2010 und danach

In diesem kurzen Essay wird ein Szenario skizziert, das ich bezüglich der Auswirkungen der starken wirtschaftlichen Verschränkungen Österreichs mit den Ländern Mittel- und Osteuropas (MOEL) für das wahrscheinlichste halte. Der Integrationsprozess Österreichs mit den MOEL hat die Entwicklungen der österreichischen Wirtschaft schon im vergangenen Jahrzehnt maßgeblich beeinflusst, und die Vertiefung dieser wirtschaftlichen Beziehungen wird die Strukturanpassungsprozesse in Österreich im kommenden Jahrzehnt noch stärker prägen.

Meine Prognose (im Sinne des wahrscheinlichsten Szenarios) ist folgende:

- Strukturkrise in den nächsten sieben bis acht Jahren,
- Bereinigung der Strukturkrise und stärkere Wachstumsdynamik einer modernisierten Wirtschaftsstruktur in einem integrierten Wirtschaftsraum.

Im Folgenden wird versucht, dieses Szenario zu untermauern. Zunächst werden wichtige strukturelle Entwicklungen des letzten Jahrzehnts im MOEL-Raum skizziert (Abschnitt 1), dann werden die bereits bestehenden Integrationsprozesse Österreichs mit den MOEL-Wirtschaften dargestellt (Abschnitt 2), und letztlich werden die grundlegenden strukturellen Anpassungsprozesse diskutiert, auf die sich Österreich im nächsten Jahrzehnt einstellen muss (Abschnitt 3).

Entwicklungen in Mittel- und Osteuropa

Die MOEL haben seit dem Fall des Eisernen Vorhangs im Jahre 1989 eine dramatische wirtschaftliche Entwicklung durchgemacht. Nach einem tiefen Fall ihres Sozialproduktes sofort nach dem Kollaps der Planwirtschaft und der Wirtschaftsbeziehungen innerhalb des Ostblockraumes (des COMECON) sowie der schnellen Einführung eines Programms liberalisierter Wirtschaftsbeziehungen (Preisliberalisierung, Wechselkursliberalisierung, liberalisierte Handelsbeziehungen mit dem Westen) kam es zu einer tiefen so genannten „Transformationskrise“[10]. Von dieser erholten sich die Länder Mittel- und Osteuropas mit unterschiedlichen Geschwindigkeiten nach 1993. Die darauf folgende Aufschwungphase wurde jedoch zumeist wieder unterbrochen durch sekundäre Transformationskrisen, da grundlegende Probleme (insbesondere in den Eigentums- und Managementstrukturen des Unternehmens- und Bankensektors) erst nach einigen Anstößen gelöst wurden (siehe die Krisen Ungarns Mitte der 1990er Jahre, Tschechiens und der Slowakei Ende der 90er Jahre). Die Handelsbeziehungen mit Westeuropa entwickelten sich sehr schnell, zunächst schneller auf der Import- als auf der Exportseite. Doch der Aufbau von wettbewerbsfähigen Exportkapazitäten erfolgte ebenfalls, in den meisten Fällen stark unterstützt durch massive Direktinvestitionsströme. Diese Direktinvestitionsströme waren anfänglich noch sehr ungleich auf die MOEL verteilt (Ungarn profitierte besonders stark in der frühen Phase), jedoch kam es nach und nach zu einer gleichförmigeren Verteilung von Direktinvestitionsströmen auf den gesamten MOEL-Raum, und die Effekte dieser Direktinvestitionsströme hatten einen maßgeblichen Einfluss auf die Restrukturierung des Bankensektors, den technologischen und damit Produktivitätsaufholprozess insbesondere im Industriesektor, und die erfolgreiche Entwicklung der Exporttätigkeit.

[10] Vgl. Kornai, 1993.

Als die MOEL am 1. Mai 2004 der Europäischen Union beitraten, wurde ihnen offiziell attestiert, dass sie „funktionierende Marktwirtschaften“ waren und prinzipiell fähig sind, „internationalem Wettbewerbsdruck standzuhalten“ (beides so genannte Kopenhagener Kriterien, welche die neuen Mitgliedsländer vor ihrem EU-Beitritt erfüllen mussten). Die Aufmerksamkeit in der wirtschaftspolitischen Debatte wendete sich spätestens zu diesem Zeitpunkt weg von den traditionellen Problemen der so genannten „Transformation“ (von einer staatlich geplanten Wirtschaft zu einer Marktwirtschaft) und stattdessen hin zu den neuen Problemen, welche die Integration in einen Wirtschaftsraum mit sich bringt, der ein viel höheres Pro-Kopf-Einkommen aufweist und dessen institutionelle und regulative Strukturen für einen derartigen Raum entwickelt wurden. Dies bezieht sich insbesondere auf Agenden, die makroökonomische Wirtschaftspolitik bestimmten (den Wachstums- und Stabilitätspakt sowie die eventuelle Einbindung in die europäische Währungsunion), aber auch auf Bereiche wie die europäische Wettbewerbspolitik, die gemeinsame Außenhandelspolitik sowie die Übernahme des *Acquis Communautaire* in seiner Gesamtheit usw.

Die Beobachtungen der frühen Jahre des 21. Jahrhunderts zeigen, dass die neuen, verglichen mit den alten EU-Mitgliedern, im Durchschnitt auf einem höheren Wachstumspfad wachsen, dass sie also zu einem höheren Wachstumstempo der EU insgesamt beitragen, obwohl ihr wirtschaftliches Gewicht innerhalb der EU-25 noch relativ klein ist (etwa 10 Prozent, wenn es zu internationalen Kaufkraftparitäten gemessen wird). Die Produktivitätsniveaus und dementsprechend die Lohnniveaus sind noch sehr gering, verglichen mit den Niveaus der „alten Mitglieder“, jedoch beobachtet man relativ starke Aufholprozesse besonders in den Sektoren, welche international handelbare Güter erzeugen (sowohl im Industrie- als auch im Dienstleistungsbereich). Dazu kommt tendenziell ein so genannter „realer Aufwertungsprozess“. Dieser misst die Entwicklung des nominellen Wechselkurses, korrigiert mit der Entwicklung der relativen Inflationsraten und trägt auch maßgeblich zu einem Angleichen des nominellen Lohn- und Preisniveaus bei. Aus den jetzigen Beobachtungen kann man daher schließen, dass die MOEL sich sehr wohl auf einem Pfad sowohl der „realen“ als auch der „nominellen“ Konvergenz befinden.

Diese positive, längerfristige Tendenz sollte nicht den Blick dafür verstellen, dass die MOEL weiterhin mit tief gehenden wirtschaftlichen Problemen zu kämpfen haben werden: die kostspielige Umsetzung des *Acquis Communautaire*, die sehr schwierigen Auflagen des Wachstums- und Stabilitätspaktes (sechs der zehn neuen Mitglieder können das 3-Prozent-Defizitkriterium im Moment nicht erfüllen), die Gefahr spekulativer Attacken auf die MOEL-Währungen, solange noch keine volle Anbindung an den Euro erfolgt ist, und die Schwierigkeit der Handhabung von Geld- und Wechselkurspolitik in dieser Interimsphase, in der es keine Kapitalkontrollen mehr geben darf. Dazu kommen große strukturelle Herausforderungen, wie der langfristige Umbau und die Finanzierbarkeit der wohlfahrtsstaatlichen Einrichtungen, die starke Zunahme der regionalen Disparitäten innerhalb der Länder, die sehr schwierige Arbeitsmarktsituationen (hohe Jugend- und Altersarbeitslosigkeit, äußerst geringe Teilzeitbeschäftigung, rücklaufende Frauenerwerbsquoten), die notwendige Umstellungen in den Trainings- und Erziehungsinstitutionen etc. Alle diese Herausforderungen bedeuten, dass die längerfristig guten Wachstumsperspektiven durchaus auch durch wirtschaftspolitisches Missmanagement (wie vor kurzem in Polen und Ungarn) und/oder durch politische Instabilitäten sowie auch durch Konjunkturabschwünge in Westeuropa immer wieder unterbrochen werden können, wie dies auch in der jüngsten Vergangenheit bei den meisten MOEL oft der Fall war.

Österreich und sein mittel- und osteuropäisches Umfeld

Österreich war und ist mit seinem großen Nachbarn Deutschland immer noch wirtschaftlich viel stärker verbunden als mit den Wirtschaften Zentral- und Osteuropas. So gingen im Jahr 2003 noch 32 Prozent der österreichischen Exporte nach Deutschland (60 Prozent an die EU-15) verglichen mit 12,6 Prozent in die acht neuen MOEL-Mitglieder der EU. Bei den Importen sind die Zahlen respektive 40 Prozent aus Deutschland (65 Prozent aus den EU-15) und 11 Prozent aus den neuen MOEL-EU-Mitgliedern. Ein anderes Bild ergibt sich, wenn man die österreichischen Direktinvestitionen im Ausland ansieht. Hier sind die

Anteile der acht neuen MOEL-EU-Mitglieder 32 Prozent, verglichen mit 34,3 Prozent in den EU-15 (Deutschland 15,2 Prozent). Wenn man noch die Investitionen nach Bulgarien, Rumänien und Kroatien hinzuzählt, alles Länder, die höchstwahrscheinlich in den Jahren 2007 bis 2009 der EU beitreten werden, so haben die österreichischen Direktinvestitionen in dieser Gruppe von Ländern schon einen höheren Wert erreicht als in den EU-15. Natürlich ergibt sich wiederum ein ganz anderes Bild, wenn man die Direktinvestitionen des Auslandes in Österreich ansieht, die vorwiegend aus dem westeuropäischen (besonders deutschen Raum) kommen, mit einer ganz geringen Präsenz der MOEL.

Hinter diesen Zahlen sieht man eine dynamische Entwicklung österreichischer Außenwirtschaftsbeziehungen: Es kam in den letzten 15 Jahren bereits zu einer starken Reorientierung österreichischer Handelsbeziehungen von einer einseitigen Verflechtung mit (vorwiegend) westeuropäischen Wirtschaften zu einer stärkeren Verflechtung mit den Wirtschaften Zentral- und Mitteleuropas. Mit dem steigenden wirtschaftlichen Gewicht der MOEL (siehe Seite 78, „reale und nominelle Konvergenz") wird diese Umschichtung in den Handelsanteilen weiter kontinuierlich zunehmen. Im Bereich der Vernetzung durch Direktinvestitionsströme ist das Bild noch viel ausgeprägter und in dieser Hinsicht ist Österreich (auf Grund der besonderen geografischen Lage, aber wahrscheinlich auch auf Grund historischer Verflechtungen) ein Sonderfall: Während die ebenfalls stark zugenommene Investitionstätigkeit der anderen westlichen Länder im vergangenen Jahrzehnt in den MOEL viel stärker auf Großunternehmungen beschränkt ist, partizipieren in Österreich auch Mittel- und Kleinunternehmen an dieser „Internationalisierung" in den MOEL-Raum. Natürlich ist Österreich darüber hinaus anteilsmäßig viel stärker in den MOEL-Raum integriert als irgendein anderes „altes" EU-Mitgliedsland. Auch vom Standpunkt der Konjunktur haben die MOEL einen viel deutlicheren Einfluss auf das Wirtschaftsgeschehen in Österreich als auf andere EU-15-Mitgliedsländer, obwohl hier der Einfluss Deutschlands auf Österreich immer noch viel bedeutender ist. Wiederum gilt hier das oben angeführte Argument, dass mit dem steigenden wirtschaftlichen Gewicht der MOEL diese Konjunkturabhängigkeit (und Interdependenz) weiter zunehmen wird.

Ein weiterer Gesichtspunkt sollte nicht aus dem Blickfeld verloren werden: Zusätzlich zum MOEL-Raum gibt es auch den südosteuropäischen Raum („Balkanländer"). Dieser Raum hat ganz dramatische wirtschaftliche und politische Krisen in den 1990er Jahren erlebt und war bis in die späten 1990er Jahre wirtschaftlich relativ unbedeutend. Mit dem Ende der militärischen Konflikte kam es zu einer gewissen Stabilisierung, und in den letzten Jahren ist diese Region zu einer Wachstumsregion geworden (die jüngsten Wachstumsraten sind sogar etwas höher als in den MOEL). Österreich spielt auch dort eine Vorreiterrolle und ist mit dieser Region stärker verbunden als irgendein anderes EU-15-Land (unter den „alten" EU-Ländern folgen darauf Griechenland und Italien). Wiederum wird es auch in Zukunft eine Zunahme der Gewichtung dieser Länder in der Handel- und Direktinvestitionsstruktur Österreichs geben.

Kommen wir nun zu einer Bewertung der Zukunftsperspektiven dieser Umorientierung der österreichischen wirtschaftlichen Strukturen in diesem Umfeld.

Zukunftsperspektiven Österreichs in einem neuen wirtschaftlichen Umfeld

Österreich hat in den letzten Jahrzehnten eine Reihe von Schüben in seinem internationalen Integrationsprozess erlebt. Die jüngsten wichtigsten Schritte waren der Beitritt zur EU, die Öffnung des Eisernen Vorhangs und die wirtschaftliche (Re-)Integration mit den MOEL sowie der Beitritt zur europäischen Währungsunion.

Alle diese Schritte hatten und haben einen tief greifenden Einfluss auf die wirtschaftlichen und auch wirtschaftspolitischen, institutionellen Strukturen Österreichs. Andere Beiträge in diesem Band beschäftigen sich mit der Vertiefung der wirtschaftlichen Integration innerhalb der EU; ich werde kurz die Implikationen der Integration mit dem zentral- und osteuropäischen Wirtschaftsraum skizzieren. Diese Region wird auch im nächsten Jahrzehnt noch ein Raum mit relativ (zu Österreich) niedrigem Einkommen sein.

Wie erwähnt, ist das Gewicht der zentral- und osteuropäischen Wirtschaften in den Auslandbeziehungen Österreichs stark angewachsen und nun auch absolut bedeutend. Wie bereits berichtet, betrifft dies den Grad der Handels-, Direktinvestitions- und konjunkturellen Verflechtung – und zunehmend auch den Wettbewerb um Standortentscheidungen internationaler Unternehmen und damit die Standortpolitik. Ein zusätzliches Element, das noch hinzukommen wird, ist die völlige Liberalisierung des Arbeitsmarktzuganges zwischen Österreich und den neuen EU-Mitgliedern, der spätestens nach einer siebenjährigen Übergangsfrist voll in Kraft treten wird. Aber innerhalb dieser Frist wird es bereits zu einer schrittweisen Liberalisierung kommen.

Die wirtschaftswissenschaftliche Literatur hat sich mit den Implikationen wirtschaftlicher Integration von Ländern mit unterschiedlichen Einkommensniveaus, unterschiedlichen technologischen Standards und Wachstumsperspektiven schon seit langem beschäftigt. Zusätzlich zu den klassischen Analysen der Effekte von Handelsintegration gab es in jüngerer Vergangenheit noch weitere Entwicklungen in der theoretischen und empirischen Analyse von internationalen Produktionsverschränkungen (Rolle und Wirkungsweisen multinationaler Unternehmungen, Fragmentierung und Internationalisierung von Produktionsketten), von Migrationsströmen, und der Interaktion zwischen allen Ebenen internationaler Integration (Handel, Direktinvestitionsströme, Migration). Darüber hinaus werden natürlich viele Analysen bezüglich der Möglichkeiten der Handhabung makroökonomischer wirtschaftspolitischer Instrumente in integrierten Wirtschaftsräumen angestellt. Letztlich geht es auch um die Analyse von längerfristigen institutionellen und wirtschaftspolitischen Strukturen (Arbeitsmarktorganisation, Steuerstrukturen, wohlfahrtsstaatliche Institutionen) in derartigen Wirtschaftsräumen und in einer globalisierten Welt insgesamt.

Wir werden nun die Strukturanpassungsprozesse genauer untersuchen, welche sich durch Integrationsprozesse von Wirtschaften unterschiedlichen Einkommens-, Produktivitäts- und Lohnniveaus ergeben:

Das Leben mit internationalen Lohnhierarchien

Für ein Land wie Österreich ist es ungewöhnlich, auf engem geografischem Raum mit einer Region stark integriert zu sein, in der das Lohnniveau nur etwa 20 bis 45 Prozent des österreichischen beträgt[11]. Da es auch vor dem EU-Beitritt der neuen Mitglieder in vielen Bereichen praktisch Freihandel gab, stellt sich die Frage, warum die österreichischen Märkte nicht schon vor dem Beitritt von den Produzenten dieser Länder voll übernommen wurden. Die Antwort ist natürlich, dass das unterschiedliche Lohnniveau durch unterschiedliche Produktivitätsniveaus, unterschiedliche Nicht-Preis-Faktoren (wie Produkt Design, Marketing, After Sale Service etc.) kompensiert wurde, sodass Österreich in der Periode nach 1989 fast durchgehend Handelsbilanzüberschüsse mit den MOEL erzielte. Diese Überschüsse haben sich in den letzten Jahren verringert, obwohl die Lohndifferenz auch gesunken ist.

Die globalisierte Welt ist daher durchaus auch langfristig durch anhaltende unterschiedliche Lohnniveaus charakterisiert, ohne dass derartige Lohndifferenzen automatisch zu starken Ungleichgewichten in den Handelsbilanzen zwischen Ländern führen müssen. Sollte es zu solchen Ungleichgewichten kommen, so initiieren diese wiederum Prozesse, die solche Ungleichgewichte abbauen: Wechselkursaufwertungen der Länder mit persistent hohen Leistungsbilanzüberschüssen und/oder Lohnerhöhungen, die wiederum zu Preiserhöhungen führen. Die ökonomische Analyse erwartet daher, dass langfristig unterschiedliche Lohnsätze im handelbaren Sektor eben jene unterschiedlichen Produktivitätsniveaus und Nicht-Preis-Faktoren widerspiegeln, die oben erwähnt wurden.

Ebenso kann dies auch dynamisch gesehen werden: Wenn sich Produktivitätsniveaus, Produkt-Design-Fähigkeiten etc. über längere Phasen zwischen Volkswirtschaften ausgleichen, so werden sich auch die effektiv ausbezahlten Löhne (ausgedrückt in derselben internationalen Währung) längerfristig ausgleichen. Und genau dieser Prozess hat sich

[11] Abbildung 11 (s. S. 90 f.) zeigt die Lohnsatzentwicklung der MOEL relativ zu Österreich. Es ergibt einen großen Unterschied, wenn die Lohnsätze zu laufenden Wechselkursen oder zu Kaufkraftparitäten verglichen werden. Letzterer Vergleich berücksichtigt die unterschiedlichen Preisniveaus eines vergleichbaren Warenkorbes. Da der Integrationsprozess auch einen Preisanpassungsprozess einschließt (siehe Seite 89 f.), ist der Vergleich zu Kaufkraftparitäten für längerfristige Vergleiche vorzuziehen.

bereits in den letzten Jahren zwischen Österreich und den MOEL abgespielt und wird sich auch weiterhin abspielen: Die Produktivitätswachstumsraten in den handelbaren Sektoren der neuen Mitgliedsländer waren im Schnitt um ein Vielfaches höher als in Österreich, und auch die ausbezahlten Lohnsätze (gemessen in derselben Währung, z.B. Euro) sind in den MOEL stärker gewachsen als in Österreich (siehe Abbildung 11 und Fußnote 11).

Die Fragmentierung und Internationalisierung von Produktionsketten

Die Integration von Wirtschaftsräumen, die von unterschiedlichen Lohnniveaus, technologischen Fertigkeiten und unterschiedlichen Qualifikationsprofilen des Arbeitskräftepotenzials gekennzeichnet sind, erlaubt eine so genannte „Fragmentierung" von Produktionsketten, d. h., dass unterschiedliche Produktionsstufen (in der Güterproduktion, aber auch im Dienstleistungsbereich) in unterschiedlichen Lokalitäten durchgeführt und diese Produktionsschritte dann grenzüberschreitend koordiniert werden. Diese „Fragmentierung" und „vertikale Integration" auf internationaler Ebene hat in der jüngsten wirtschaftswissenschaftlichen Literatur viel Aufmerksamkeit erregt und ist auch in der politischen Diskussion unter dem Begriff *Outsourcing* bekannt geworden.

Der Grad der internationalen Fragmentierung von Produktionsstufen hängt natürlich maßgeblich von den Transport- und Koordinationskosten ab, die in einer derartigen grenzüberschreitenden Integration von Produktionsketten anfallen. In einem Raum wie Mittel- und Osteuropa kann man davon ausgehen, dass diese Transport- und Koordinationskosten relativ gering sind, da die Wirtschaftsgebiete nahe aneinander liegen und die Sprachbarrieren nicht allzu hoch sind; natürlich spielt auch die Qualität von Infrastruktureinrichtungen hier eine wichtige Rolle. Für österreichische, aber auch für internationale Unternehmungen, die in Österreich und in anderen mittel- und osteuropäischen Staaten aktiv sind, sind derartige grenzüberschreitende Unternehmensaktivitäten daher besonders attraktiv und betreffen in diesem Raum nicht nur internationale Großbetriebe (große multinationale Unternehmungen), sondern auch Klein- und Mittelbetriebe. Mit dem Fallen zusätzlicher Barrieren durch den EU-Beitritt (und damit der Mitgliedschaft in dem „einheitlichen Markt") wurden Transaktionskosten weiter gesenkt, und daher wird diese grenzüberschreitende Produktionsintegration weiter zunehmen.

Grenzüberschreitende Konsumflüsse

Ein ähnliches Argument bezüglich der Implikationen der geografischen Nähe von unterschiedlichen Wirtschaftsräumen bezieht sich auf die Integration der Nachfrageseite. Nah gelegene und zueinander offene Wirtschaftsräume erlauben eine starke Durchlässigkeit von Konsumflüssen, d. h., Konsumenten und natürlich auch Handelsunternehmungen, die das Kaufangebot in derartigen Räumen vermitteln, sind viel stärker in Richtung eines direkten grenzüberschreitenden Vergleichs von Produkt- und Preisangeboten orientiert, als dies für weiter auseinander liegende Wirtschaftsräume der Fall ist. Wiederum spielen hier die Offenheit und das Wegfallen der restlichen Marktbarrieren eine wichtige Rolle, die durch die Mitgliedschaft beim „einheitlichen Markt" (*Single Market*) gegeben ist. Diese integrierte Wirtschaftszone führt daher zu einem vollen Wirken der so genannten *„Arbitrage-Prozesse"*, d. h. Preise werden – natürlich unter Berücksichtigung von Qualitätsdifferenzen – einander angeglichen. Diese Arbitrage-Prozesse werden in dem Raum, den Österreich mit den umliegenden MOEL bildet, über die kommenden Jahre eine wichtige Rolle spielen, da Preisunterschiede noch beträchtlich sind, aber gleichzeitig auch starke Angleichungsprozesse beobachtet werden können. Im so genannten „nicht handelbaren" (d. h. „geschützten") Sektor können Preisunterschiede bestehen bleiben, jedoch werden auch dort durch den graduellen Wegfall der Barrieren (z. B. im Immobiliensektor) in den nächsten Jahren und die Reduktion von Subventionen im öffentlichen Dienstleistungssektor (Transport, Gesundheit etc.) Preisangleichungsprozesse stattfinden. Finden die Preisanpassungsprozesse auch in diesem Sektor statt, so wird sich dies wiederum in Lohnforderungen niederschlagen, und damit spielen diese Prozesse auch eine wichtige Rolle im Aufholprozess der Nominallöhne zwischen den MOEL und den entwickelten westeuropäischen Wirtschaften.

Grenzüberschreitende Arbeitskräftebewegungen (kurz- und langfristige Migrationsflüsse)

Die EU-Mitgliedschaft der zehn neuen Länder hat zwar nicht zu einem sofortigen Wegfall der Zugangsbarrieren zu den Arbeitsmärkten der „alten" EU-Mitglieder geführt, es wurde jedoch ein Zeitplan vereinbart, der innerhalb von spätestens sieben Jahren zu einem vollkommenen Abbruch aller Zugangsbarrieren zwischen alten und neuen Mitgliedern führen muss. Auch vor dieser Siebenjahresfrist steht es den Mitgliedsländern offen, eine Öffnung graduell durchzuführen, und es zeichnet sich ab, dass dies auch in den meisten Mitgliedsländern der Fall sein wird. Insbesondere ist die Lockerung von Zulassungsbedingungen für qualifizierte und auch für saisonale Arbeitskräfte vorgesehen. Migrationsstudien zeigen, dass sich Migrationsflüsse kurzfristig immer in jenen Segmenten des Arbeitsmarktes auswirken, in denen Substitutionsmöglichkeiten von einheimischen mit Immigrationsarbeitskräften hoch sind. Andere Gruppen am Arbeitsmarkt, z. B. qualifizierte Arbeitskräfte bei einem starken Zustrom von wenig qualifizierten, können dagegen von derartigen Migrationsflüssen profitieren; der Grund ist, dass der Zustrom von so genannten „komplementären Produktionsfaktoren" (d. h. von weniger qualifizierten Arbeitskräften) die Produktivität der qualifizierten einheimischen Arbeitskräfte erhöht und natürlich auch insgesamt die Kosten reduziert. Man kann daher davon ausgehen, dass eine Volkswirtschaft vom Zustrom zusätzlicher Arbeitskräfte stark profitieren kann, dieser Zustrom jedoch signifikante Verteilungseffekte haben kann (die sich entweder in zunehmenden Lohndifferenzialen zwischen qualifizierten und wenig qualifizierten Arbeitskräften ausdrücken können und/oder in erhöhtem Arbeitslosigkeitsrisiko für vulnerable Arbeitsmarktsegmente).

Steuerwettbewerb

Angesichts der bereits zu beobachtenden Entwicklungen in den neuen Mitgliedsländern ist es klar, dass in einem integrierten Wirtschaftsraum der Steuerwettbewerb relativ stark zunimmt. Der Grund ist der Wettbewerb um mobile Produktionsfaktoren (Kapital, aber auch hoch qualifizierte mobile Arbeitskräfte). Dazu kommt noch, wie das Beispiel Irlands gezeigt hat, dass in einem phänomenal schnellen Aufholprozess die Attraktivität für multinationale Unternehmungen eine sehr wichtige Rolle spielt, und hier wiederum die niedrige Besteuerung und andere Standortfaktoren (insbesondere komplementäre Humankapitalbildung, Infrastruktur etc.). Das Beispiel Irlands hat in einigen der neuen EU-Mitgliedsländern Schule gemacht (insbesondere in der Slowakei und in Ungarn) und führt dann automatisch zu einem Mitziehen der Nachbarländer, damit sich die relative Standortposition nicht verschlechtert. Wie auch bei anderen Faktoren kann natürlich höhere Besteuerung durch besseres Abschneiden in den übrigen Bereichen (Qualifikation, Qualität, Produktivität, Infrastruktur etc.) kompensiert werden. Es muss ein derartiger Vorteil in diesen Faktoren jedoch einerseits auch wirklich vorliegen, und andererseits muss dieser relative Vorteil auch gehalten werden, was bei einem erwarteten allgemeinen Aufholprozess der neuen Mitglieder in diesen Bereichen wenig wahrscheinlich ist.

Unterschiedliche Wohlfahrtsniveaus

Hohe Wohlfahrtsniveaus haben sowohl positive als auch negative Effekte auf die Wettbewerbsfähigkeit. Die positiven Effekte sind dadurch gegeben, dass gute Wohlfahrtseinrichtungen als ein Teil der (nicht monetären) Remuneration der Produktionsfaktoren gesehen werden und daher einen Wirtschaftsstandort attraktiv machen. In der Literatur über Migration wird dies auch als ein Faktor für die Attraktivität unterschiedlicher Zielländer angesehen. Andererseits bedeuten gute Wohlfahrtseinrichtungen natürlich auch Kosten, und in einer Kosten-Nutzen-Berechnung sind diese beiden Effekte gegeneinander aufzurechnen. Es ist klar, dass in diesem Bereich eine ganz große Diskrepanz zwischen Österreich und den MOEL besteht und diese Diskrepanz aufgrund des starken fiskalischen Drucks (der aus verschiedenen Gründen in den neuen Mitgliedsländern noch höher als in Österreich ist) in den neuen Mitgliedsländern in Zukunft noch größer werden wird. In diesem Kontext ist es besonders wichtig, Aufmerksamkeit auf *Value for Money*, d. h. auf die Effizienz der wohlfahrtsstaatlichen Einrichtungen zu legen, um ein hohes Niveau solcher Leistungen weiter garantieren zu können.

Arbeitsmarktorganisation und Sozialpartnerschaft

Auch in integrierten Wirtschaftsräumen beobachtet man auf den nationalen Arbeitsmärkten noch starke Unterschiede in den institutionellen

Gegebenheiten und Verhaltensweisen. Der Grund dafür ist wahrscheinlich in langfristigen historischen Dimensionen zu suchen, unter denen arbeitsmarktorganisatorische Strukturen in den Ländern aufgebaut wurden. Selbst in Zeiten, in denen der Druck sehr stark zugenommen hat, institutionelle Strukturen z. B. auf Kapital- und Produktmärkten innerhalb von integrierten Wirtschaftsräumen zu vereinheitlichen und diese Vereinheitlichung auch schon sehr weit gehend erreicht wurde (z. B. in der EU), ist man bei den Arbeitsmärkten noch sehr weit davon entfernt. Internationale Studien zeigen außerdem (siehe z. B. Hall, Soskice, Streek, Goldthorpe u. a.), dass sehr unterschiedliche institutionelle Strukturen international erfolgreich sein können (z. B. reformiert skandinavische versus angelsächsische Arbeitsmarktstrukturen). Selbst eingefleischte Liberalisierungsanhänger würden davor zurückschrecken, auf Arbeitsmärkten innerhalb der EU eine vollkommene Vereinheitlichung von institutionellen Rahmenbedingungen anzustreben. Die Interaktionen zwischen Institutionen und Verhaltensweisen sind historisch stark aufeinander abgestimmt und können nicht in einer kurzen Zeitspanne von einem Ort auf einen anderen verpflanzt werden, ohne zu starken Fehlentwicklungen zu führen. Trotzdem ist es klar, dass organisatorische Strukturen, die in einem gewissen internationalen Kontext in einer bestimmten Weise gewirkt haben (z. B. als der internationale Vernetzungsgrad Österreichs noch viel geringer war als jetzt), in einem veränderten Kontext anders wirken. Die Diskussionen um die Möglichkeiten und Wirkungsweisen von sozialpartnerschaftlichen Strukturen, die in Österreich ein wichtiges standortpolitisches Merkmal der Nachkriegsperiode waren, sind ein Beweis der Kontextabhängigkeit des Funktionierens von institutionellen Strukturen und Verhaltensweisen.

In diesem Artikel ist nicht der Raum gegeben, die Details bezüglich institutioneller Entwicklungen auf EU-Arbeitsmärkten zu diskutieren, es soll hier nur darauf hingewiesen werden, dass die stark zugenommenen Integrationsprozesse sich bereits auch auf die Wirkungsweisen und den institutionellen Rahmen der nationalen Arbeitsmarktstrukturen ausgewirkt haben und noch weiter auswirken werden.

Schlussfolgerungen

Die zuletzt diskutierten Punkte deuten alle darauf hin, dass der Druck von Strukturanpassungen in Österreich im letzten Jahrzehnt rapide zugenommen hat und der Integrationsprozess mit den Ländern Zentral- und Osteuropas (manche davon sind bereits EU-Mitglieder, manche werden es im nächsten Jahrzehnt werden) mit ganz besonderen Herausforderungen verbunden ist. Diese Gruppe von Ländern hat im Moment gesamteuropäisch noch ein relativ geringes wirtschaftliches Gewicht, obwohl dieses Gewicht für Österreich aufgrund seiner exponierten Lage auch schon im letzten Jahrzehnt signifikant war und dynamische Strukturentwicklungen durchaus schon stark mitbestimmt hat. Das Gewicht wird auf der Basis erfolgreicher Aufholprozesse der MOEL zunehmen und damit auch der Druck, den die Integration in einem heterogenen Wirtschaftsraum mit sich bringt. In allen zuletzt genannten Punkten geht es um zwei Aspekte:

- Integration mit einem derartigen Raum erlaubt es, Vorteile aus der Komplementarität mit Ländern zu ziehen, die durch unterschiedliche Entwicklungsniveaus gezeichnet sind, und natürlich auch aus der potenziell höheren Dynamik dieser Region;
- Strukturanpassungen sind ein integraler und notwendiger Bestandteil eines Prozesses, der es erlaubt, die Vorteile aus diesen Integrationsprozessen zu ziehen.

Diese zwei Aspekte untermauern meine Prognose sowohl bezüglich (a) einer Strukturkrise in den nächsten sieben bis acht Jahren, als auch bezüglich (b) einer Bereinigung der Strukturkrise und einer stärkeren Wirtschaftsdynamik einer modernisierten Wirtschaftsstruktur in einem integrierten Wirtschaftsraum. Die Prognose beruht auf folgender Einsicht: Strukturanpassungen finden nicht in einem abstrakten, zeitlosen Raum statt, sondern vermitteln sich über soziale und politische Prozesse, in denen relative Gewinner und Verlierer dieser strukturellen Entwicklungen ihre Interessen artikulieren. Weiters spielen sich diese Prozesse mit größerer oder geringerer Effizienz und Reibungsverlusten in gegebenen politischen Kontexten ab. Das Resultat ist daher nicht gleichzusetzen mit der Lösung eines dynamischen Optimierungsproblems und geht oft einher mit Krisensituationen und eventuell Wachstumseinbrüchen. Die relativ gesunkenen Wachstumspfade Österreichs und der „alten EU“ insgesamt in den letzten Jahren sind wahrscheinlich ein Ausdruck dieser Strukturanpassungsprozesse. Andererseits betont die ökonomische Analyse den letztendlichen gesamtwirtschaftlichen Gewinn aus internationalen Integrationsprozessen, und dies ist auch die Grundlage meiner Prognose (b), d. h. die erhöhte Wachstumsdynamik, die Österreich und der EU-Wirtschaftsraum insgesamt erfahren wird, wenn der Strukturanpassungsprozess einigermaßen erfolgreich über die Bühne gelaufen ist.

Prognosen sind allgemein schwierig, was den genauen Zeitraum der Phasen (a) und (b) anlangt, jedoch solider, was die qualitative Charakterisierung und Sequenzierung der Phasen betrifft. Meine Prognose ist hiervon keine Ausnahme.

Abbildung 11: a) Lohnsatzentwicklung 1993–2003 (zu laufenden Wechselkursen) relativ zu Österreich (= 100)

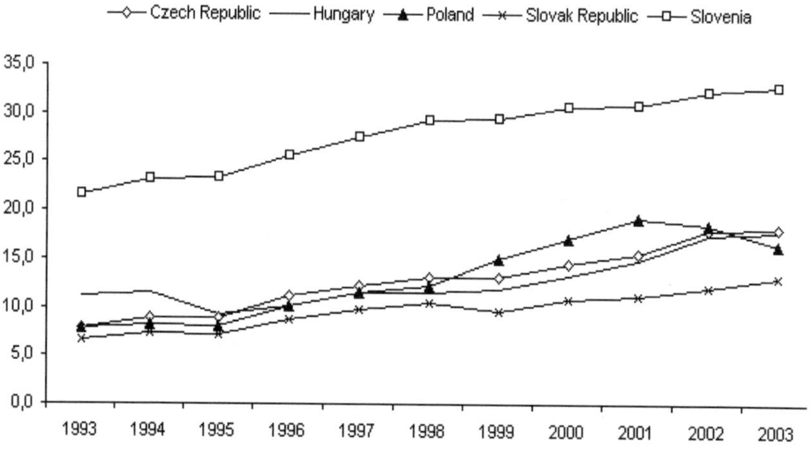

Abbildung 11: b) Lohnsatzentwicklung (zu Kaufkraftparitäten) relativ zu Österreich (= 100)

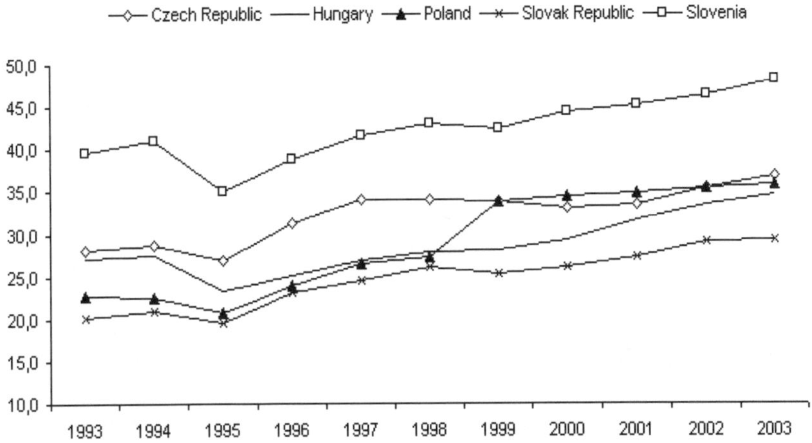

Quelle: wiiw Industriedatenbank

Literatur

KORNAI, J.: Transformational recession: A general phenomenon examined through the example of Hungary's development. Economie Appliquée, vol. 64(2), 1993, S. 181–227

Werner Muhm

Arbeitsmarkt und Pensionssystem

Der Blick in den Rückspiegel eröffnet fast immer ein klareres Bild als der Blick in die Glaskugel der Zukunft, noch dazu, wenn der Blick in so turbulenten Zeiten auf Arbeitsmarkt und Pensionssystem gerichtet ist.

Abbildung 12: Arbeitsuchende in Österreich

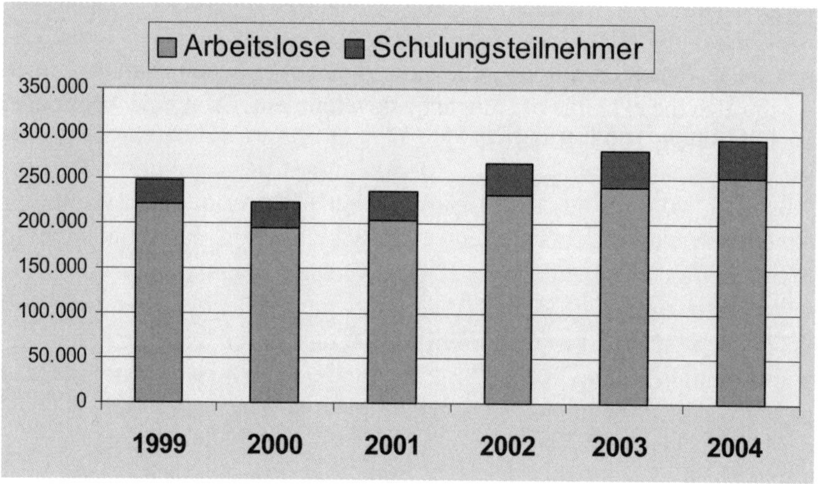

Quelle: AK Wien

Die Ausgangslage für den Ausblick 2010 ist, was den Arbeitsmarkt anbetrifft, denkbar schlecht: Wir hatten im Oktober 2003 mit 292.300 eine Rekordzahl an Arbeitsuchenden, die Zahl der arbeitslosen Jugendlichen lag mit fast 40.000 um 44 Prozent über dem Wert des Jahres 2000 und es fehlten mindestens 6.300 Lehrstellen.

Abbildung 13: Jugendarbeitslosigkeit in Österreich

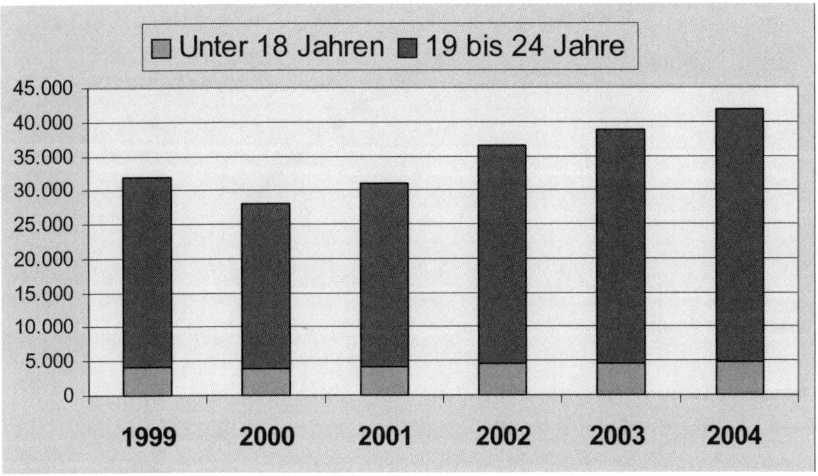

Quelle: AK Wien

Ich möchte mich möglichst auf jene Faktoren stützen, die noch am besten abgesichert erscheinen. Ein solcher ist die demografische Entwicklung, von der aus sich für den Arbeitsmarkt und das System der sozialen Sicherung bis zu einem gewissen Grad auch quantitative Schlüsse für die Zukunft ziehen lassen. Nach der neuesten Bevölkerungsvorausschätzung der „Statistik Austria" – gewissermaßen die „amtliche Prognose" – bin ich mir allerdings auch da immer weniger sicher, inwieweit und in welche Richtung hier halbwegs abgesicherte Schlüsse gezogen werden können.

Demografie und Arbeitsmarkt

Abbildung 14: Personen im Erwerbsalter in Österreich bis 2025

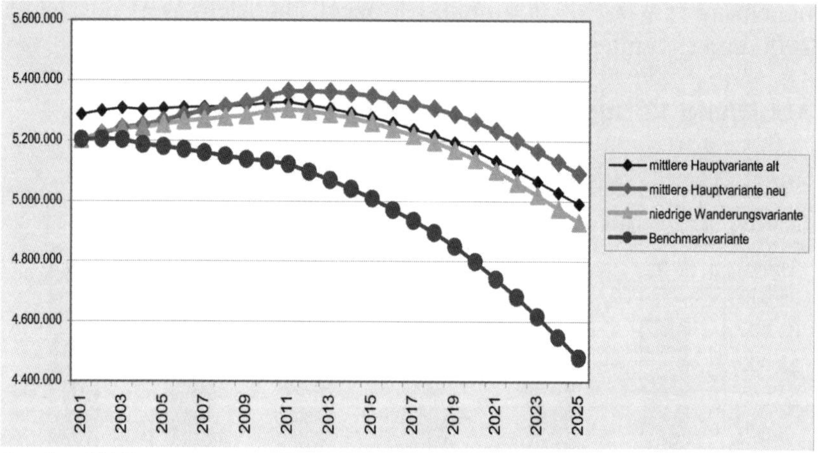

Quelle: AK Wien

Als drastischer Vergleich zeigt die *Benchmark*-Variante (unterste Linie in Abbildung 14) der Bevölkerungsprognose die absehbare Bevölkerungsentwicklung unter der extremen Annahme, dass es keinerlei Nettozuwanderung (sowie konstante Fruchtbarkeit und Sterblichkeit) geben würde. Gemäß dieser Variante würde die Bevölkerung im erwerbsfähigen Alter bis 2010 zunächst langsam und danach deutlich rascher abnehmen, so dass sie von derzeit 5,2 Mio. bis 2016 auf 5 Mio. zurückginge. In Folge würde auch das Arbeitsangebot sinken.

Diese Resultate sind aber nicht als wahrscheinliche Entwicklung anzusehen, und zwar aus mehreren Gründen:

- Es ist weiterhin mit einer positiven Nettozuwanderung aus dem Ausland zu rechnen – im Durchschnitt der letzten 6 Jahre betrug diese 11.500.
- Die „Pensionsreformen“ 2000 und 2003 führen bis 2018 zu einem Auslaufen der vorzeitigen Alterspension. Dadurch kommt es zu einer merklichen Anhebung des Arbeitsangebotes – allerdings in den Altersgruppen zwischen 55 und 65 Jahren.

- Durch eine weitere Zunahme der Erwerbsquoten im Haupterwerbsalter v.a. bei Frauen sind mittelfristig gewisse Zuwächse beim Arbeitsangebot zu erwarten.

Prognosen des Arbeitsangebots bis 2010 und darüber hinaus sind also auch von Annahmen über drei Faktoren abhängig.

- Die neue Bevölkerungsprognose von „Statistik Austria“ nimmt in ihrer neuen mittleren Hauptvariante („MHV“) und auch in der niedrigen Wanderungsvariante („NWV“) vor allen bis 2020 zum Teil deutlich stärkere Wanderungsgewinne[12] an, als dies in der Vorläuferversion (und natürlich auch in der *Benchmark*-Version) der Fall war: in der mittleren Hauptvariante durchschnittlich über 22.000 Personen pro Jahr im Erwerbsalter, das ist deutlich mehr als die gesamte durchschnittliche Nettozuwanderung der letzten Jahre, wo in den 11.500 ja auch Personen unter und über dieser Altersspanne enthalten sind. In dieser Hinsicht erscheint die NWV mit durchschnittlich gut 16.000 Wanderungsgewinnen im Erwerbsalter realistischer.
- Selbst bei konstanten Erwerbsquoten steigt das Arbeitsangebot noch mindestens bis 2010: nach der MHV um etwa 10.000 pro Jahr und um 5.500 pro Jahr nach der NWV.
- Die Pensionsreformen verändern dieses Bild drastisch: Nach Prognoserechnungen der AK wird das Arbeitsangebot dadurch 2010 um 104.000 und im Jahr 2015 um 153.000 höher ausfallen. Dadurch steigt das Arbeitsangebot bis 2015 um durchschnittlich 15.000 pro Jahr nach der mittleren Hauptvariante. Nach der niedrigen Wanderungsvariante würde das Arbeitsangebot nur bis 2010 um durchschnittlich 15.000 pro Jahr steigen und dann zunächst bis 2015 in etwa konstant bleiben.
- Steigende Erwerbsquoten in jüngeren Altersgruppen – vor allem durch Straffung der Ausbildung im Falle günstigerer Arbeitsmarktchancen – können zu weiteren, allerdings nicht sehr bedeutenden Angebotszuwächsen führen.

---

[12] Wanderungsgewinne sind in diesem Fall nicht nur die Zuwanderung, sondern auch die im Inland geborenen Kinder der Zuwanderer, sobald diese das Erwerbsalter erreicht haben.

Was folgt daraus? Bis 2010 haben wir sehr wahrscheinlich mit einem noch erheblich zunehmenden Arbeitsangebot zu rechnen, möglicherweise sogar bis 2015, danach nicht mehr: Nach der mittleren Hauptvariante wird der durchschnittliche jährliche Rückgang des Arbeitsangebots zwischen 2015 und 2020 etwa 15.000 Personen ausmachen und zwischen 2020 und 2025 etwa 28.000 – allerdings noch ohne Berücksichtigung der ab 2024 beginnenden Angleichung des Frauenpensionsalters.

Meine Schlussfolgerungen:

- Die Arbeitsmarktprobleme (aufgrund des Angebotszuwachses) bis zur demografischen Entlastung werden also vermutlich größer ausfallen als erwartet – andererseits ist aber der „kurz bevorstehende Supergau" für das Pensionssystem aus den Prognosen nicht ablesbar.
- Die Angebotsentwicklung der nächsten Jahre bedeutet aber auch, dass es jedenfalls sinnvoll sein wird, den maximalen Zeitraum von 7 Jahren für die Übergangsbestimmungen bei der EU-Osterweiterung voll auszuschöpfen.
- Nettowanderungsgewinne enthalten immer auch eine Inländerkomponente. Diese ist im Falle Österreichs allerdings negativ: Es besteht ein kontinuierlicher Verlust an Inländern – in den letzten Jahren waren es durchschnittlich 5.500 hauptsächlich junge und vermutlich gut Ausgebildete. (Zu-)Wanderungspolitik muss auch diese Personengruppe im Auge behalten – hier spielen die Attraktivität der Arbeitsmöglichkeiten und die Bezahlung eine Rolle, aber natürlich auch die Frage, inwieweit nachfolgende Berufstätigengenerationen Nettoverlierer der „neuen" Sozialsysteme werden.

Zwei absehbare strukturelle Entwicklungen werden sich ohne größere Anstrengungen von Seiten der Politik nicht bewältigen lassen:

1. Steigender Anteil der Einwanderer:
   - Bis 2020 werden die kumulierten Wanderungsgewinne (Zuwanderung im erweiterten Sinne, also einschließlich der in Österreich geborenen Kinder von Zuwanderern) nach der mittleren Hauptvariante 425.000 Personen im Erwerbsalter ausmachen, nach der niedrigen Wanderungsvariante etwa 300.000.

- Die Integration einer derart großen Personengruppe von Ausländern wird in Zukunft sicherlich mehr Anstrengungen erfordern, als dies in der Vergangenheit der Fall war, besonders in Hinblick auf den Arbeitsmarkt. Schon jetzt steigt die Arbeitslosigkeit der Ausländer stärker als die der Inländer und ihre Beschäftigungsstabilität im erweiterten Sinn nimmt stärker ab.
- Rein quantitativ sollte es von der Arbeitsangebotsseite her in etwa 10 Jahren zu einer allmählichen Arbeitsmarktentlastung kommen; allerdings lassen die dann noch höheren Zahlen an ausländischen und vor allem älteren Erwerbspersonen für diese Personengruppen neue Probleme erwarten: Es ist mit großer Wahrscheinlichkeit mit einer Parallelexistenz von (diesmal) echtem Fachkräftemangel und hoher Arbeitslosigkeit in den Problemgruppen des Arbeitsmarktes zu rechnen.
- Über eine geeignete Zuwanderungspolitik muss es bald zu einer politischen Einigung kommen; vor allem müssen die verschiedenen, zum Teil durchaus problembeladenen Kanäle der Zuwanderung (Familiennachzug, Neuzuwanderung, Asyl etc.) auf die Kapazitäten des Arbeitsmarktes abgestimmt werden. Das beinhaltet zum Beispiel auch die Möglichkeit, dass Zuwanderer ihre Kinder so früh nach Österreich kommen lassen können, dass der Schulbesuch weitestmöglich hier stattfinden kann.

2. Stark zunehmender Anteil der höheren Alterskohorten im Arbeitskräftepotenzial
   - Die Zahl der Erwerbspersonen über 50 Jahre wird sich von derzeit etwa 600.000 schon bis 2015 auf fast 900.000 erhöhen. Jede vierte Erwerbsperson wird dann über 50 sein (derzeit jede siebente). Das stellt eine enorme Herausforderung für das Aus- und Weiterbildungssystem dar.
   - Ab 2024 wird dann noch die Anhebung des Pensionsalters der Frauen auf das der Männer kommen – diese zusätzlichen Erwerbspersonen werden naturgemäß alle sogar über 60 sein.

Eine der mittleren Hauptvariante (oder auch der niedrigen Wanderungsvariante) entsprechende Bevölkerungsentwicklung tritt nicht „spontan" ein, sie ist keinesfalls das Ergebnis „naturgegebener", „selbstverständlicher" Abläufe, sondern hat politische Entscheidungen, die schwer wiegende Konsequenzen haben, und institutionelle Veränderungen, über die entschieden werden muss, zur Voraussetzung. Die entscheidende Frage in diesem Zusammenhang ist, ob hier nach einem Konsensmodell oder nach einem Konfliktmodell vorgegangen werden soll. Jedenfalls muss es zu politischen Entscheidungen über das Zuwanderungsausmaß, über Ausbildung sowie über Maßnahmen für ältere Arbeitnehmer und gegen die Segmentierung des Arbeitsmarktes kommen.

Die Nachfrageseite des Arbeitsmarktes soll nur blitzlichtartig beleuchtet werden:

Abbildung 15: Reales BIP-Wachstum für Österreich

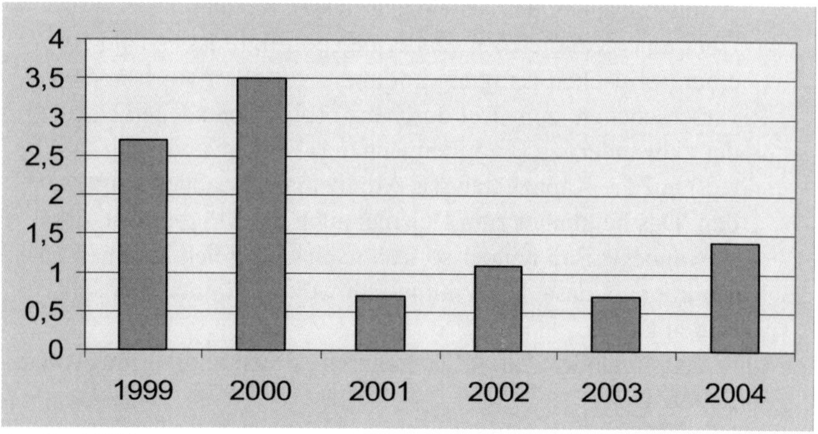

Quelle: AK Wien

Das Wachstumspotenzial ist eher als kritisch einzustufen:

- Die Wirtschaftspolitik ist in Österreich und Europa insgesamt durch den Stabilitätspakt und die Zinspolitik der EZB eher restriktiv konzipiert.
- Der Erweiterungserfolg ist noch offen.
- Es gibt zu wenig Wachstumspolitik (Infrastruktur, F&E, Ausbildung etc.).
- Die Steuerstruktur belastet den Faktor Arbeit zu stark.

Pensionssystem

Die Suche nach einem möglichst breiten sozialen Konsens bei großen Reformvorhaben war über Jahrzehnte hinweg eines der zentralen Markenzeichen der österreichischen Politik. Ein Blick auf die Entwicklung der Wirtschafts- und Sozialdaten zeigt, dass dieser Weg der richtige war. Natürlich hätte im Nachhinein betrachtet manches besser gemacht werden können, hätte manche Reform rascher und konsequenter in Angriff genommen werden müssen – im Vergleich mit anderen Ländern ist aber der österreichische Erfolgsweg nicht zu leugnen.

Mit der schwarz-blauen Regierungsübernahme im Februar 2000 wurde der so genannte „österreichische Weg" erstmals gezielt verlassen. Die „Pensionsreform 2000" mit der überfallsartigen Anhebung des Pensionsalters um 1½ Jahre; das „Treffsicherheitspaket" mit der unsäglichen Unfallrentenbesteuerung; die „Hauptverbandsreform" mit der politischen Umfärbung der Leitungsgremien und vieles mehr wurden ohne Rücksichtnahme auf die Meinung der Sozialpartner und ohne Rücksicht auf die sozialen Folgen in Windeseile nach dem Motto *„speed kills"* durchgezogen.

Mit der „Pensionsreform 2003" hat diese jeden sozialen Dialog missachtende Politik einen neuen Höhepunkt gefunden. Im Wesentlichen beinhaltete der Gesetzesentwurf:

- die Verunmöglichung des Pensionszutritts vor 65 für Männer (bzw. vor 60 für Frauen) – nur für fünf Geburtsjahrgänge sind bei der Abschaffung der vorzeitigen Alterspension bei langer Versicherungsdauer Übergangsvorschriften vorgesehen!
- geradezu irrwitzig anmutende Pensionskürzungen:
  - ☐ Sofortkürzung aller Neupensionen ab dem Jahr 2004 um bis zu 18 Prozent – und das lebenslang;
  - ☐ Kürzung der Pensionen der Jüngeren um ein Drittel – und in vielen Fällen sogar noch um viel mehr!

Die „Pensionssicherungsreform" entpuppte sich damit als radikale Demontage der gesetzlichen Pensionsversicherung. Die Pensionen dramatisch runter, die Altersgrenzen dramatisch rauf – so die simple Stoßrichtung. Dass die Umsetzung dieses Konzepts einen ebenso dramatischen Anstieg der Armutsgefährdung im Alter und der Altersarbeitslosigkeit bedeutet hätte, schien die Regierenden wenig zu bekümmern. Aussagekräftig ist aber nicht nur, was der Regierungsentwurf zur „Pensionsreform 2003“ enthielt, sondern auch das, was er nicht enthielt. Von den großspurig propagierten Strukturreformen (Harmonisierung der verschiedenen Systeme, Einführung eines Pensionskontos, Ausbau der eigenständigen Alterssicherung der Frauen; kostengerechte Finanzierung der Ersatzzeiten) ist in der „Pensionsreform 2003“ nichts mehr zu finden.

Es wird sicherlich bis 2010 mindestens eine weitere Pensionsreform geben.

Es ist offensichtlich, dass bei großen notwendigen Reformen in Österreich die Wirklichkeiten und Lösungsansätze völlig auseinander fallen – und die 52 Prozent Parlamentsmehrheit an Einbindung und Kompromiss kaum Interesse zeigt. Ja, das ist die Mehrheit, doch in letzter Konsequenz spaltet sie das Land. Die einen sehen Widersprüchlichkeiten, Inkonsistenz und Klientelpolitik und finden die Lösungen weder fair noch akzeptabel:

- Keine Frühpensionen mehr im ASVG, aber Sonderaktionen für Beamte zwischen 53 und 55, für Militärs, Frühpensionierungen von Lehrern mitten im Schuljahr,
- Kürzung der Pensionen für die Jungen um 30 Prozent und mehr, aber Harmonisierung verschoben.

Andere sind von der Richtigkeit der Einschnitte überzeugt.

Es gibt keinen Grundkonsens über die Frage, ob die erste Säule Lebensstandardsicherung sein soll oder nicht; die Änderungen werden als Zertrümmerung und nicht als Pensionssicherung empfunden. Mit dem Parlamentsbeschluss vom 11. Juni 2003 fand die Pensionsreform fürs Erste ihren Abschluss (wenn man von der folgenden Groteske bei der Behandlung der Materie im Bundesrat absieht, wo sich die Vertreter einer Regierungspartei weigerten, für die Gesetzesvorlage zu stimmen – im Handumdrehen aber auch nicht bereit waren, sie abzulehnen).

Kapitalgedeckte zweite und dritte Säule
Die kapitalgedeckte zweite und dritte Säule bietet keine Lösung, da sie den gleichen demografischen Einflussfaktoren unterliegt wie das umlagebasierte System. Es sind zwei Faktoren, die das Risiko der Altersvorsorge unabhängig von der Wahl des Systems mittel- bis langfristig beeinflussen: Demografie und Erwerbsquote. Das gilt für das Umlagesystem ebenso wie für ein kapitalgedecktes System: Bei entsprechender Reife des Systems (Erreichen der Anwartschaft der ersten Generation) stehen dem System Mittel nach Maßgabe von Demografie und Erwerbsquote zur Verfügung. Für kapitalgedeckte Systeme heißt das, dass die Zusatznachfrage nach Wertpapieren, die in der Aufbauphase entsteht, abnimmt und daher – dem Gesetz von Angebot und Nachfrage folgend – die Preise bei gegebener Systemreife nicht mehr weiter steigen können. Bei schrumpfender Bevölkerung ist die Zahl der Personen im Erwerbsleben, für die in die Pensionsvorsorge investiert wird, kleiner als die Zahl der Pensionsempfänger, deren Rücklagen aufgelöst werden. Da der gesamte OECD-Raum von der gleichen demografischen Entwicklung betroffen ist, gilt das auch für einen Fonds, der weltweit in einigermaßen entwickelten und berechenbaren Volkswirtschaften und Staaten investiert. Verlässt man den demografischen Raum der OECD, so handelt man sich freilich wieder andere, schwer kalkulierbare Risken ein.

Stoßrichtung für einen Konsens bei den Pensionen

Wie wird es weitergehen im Bereich der Alterssicherung? Mit der Vorstellung des ÖGB-Modells, das die anstehenden Probleme offensiv anzugehen versucht, hat die politische Auseinandersetzung eine neue Qualität erhalten. Der ÖGB stellt sich dabei den auf uns zukommenden Herausforderungen, ohne dabei den Vertrauensschutz und die soziale Balance aus den Augen zu verlieren:

- Harmonisierung der unterschiedlichen Systeme (gleiche Beitragssätze und gleiche Leistungen für ASVG-Versicherte, Gewerbetreibende, Bauern und Beamte – von der Regierung wurde dieses Thema in einer Nationalrats-Entschließung auf unter 35-Jährige eingeschränkt und damit auf die lange Bank geschoben).

- Umstieg auf ein Pensionskontenmodell (mit klar definiertem Leistungsanspruch – von der Regierung wurde ein bisher nicht näher konkretisierter Umstieg auf ein beitragsdefiniertes und damit für die Versicherten wesentlich unsichereres System angekündigt).
- Ausbau der eigenständigen Alterssicherung der Frauen (vor allem durch deutliche Erhöhung der Bewertung der Kinderzeiten – die minimalen Verbesserungen durch die Regierung im Zuge der „Pensionsreform 2003" würden demgegenüber nicht einmal ausreichen, um die gleichzeitig beschlossenen Kürzungen auch nur annähernd wettzumachen).

Weitere zentrale Unterschiede zwischen ÖGB-Modell und „Pensionsreform 2003":

- Beibehaltung der Möglichkeit zu einem Pensionseintritt vor Erreichung des so genannten „Regelpensionsalters" von 65 Jahren (mit Pensionsabschlag).
- Umstieg auf niedrigere Pensionsprozente nur für neue Anwartschaften, nicht aber wie bei der „Pensionsreform 2003" beschlossen rückwirkend für alle Beitrags- bzw. Versicherungsjahre seit Eintritt in das Erwerbsleben (dass der Regierung die Problematik der rückwirkenden Entwertung bereits erworbener Anwartschaften bewusst war, zeigt die Tatsache, dass diese Maßnahme nur in der gesetzlichen Pensionsversicherung, nicht aber bei den Beamtenpensionen gesetzt wurde).
- Umstieg auf einen längeren Bemessungszeitraum („Durchrechnung"), verbunden mit fairer Aufwertung zurückliegender Verdienste (in der „Pensionsreform 2003" erfolgt der Umstieg auf 40 Jahre Bemessungszeitraum mit Beibehaltung der schlechten Aufwertungsfaktoren, was das Pensionsniveau um durchschnittlich 25 Prozent nach unten drücken würde!).
- Anerkennung schwerer Arbeitsbelastung im Pensionsrecht durch Gewährung höherer Pensionsprozente mit entsprechender Finanzierung durch den Arbeitgeber (in der „Pensionsreform 2003" findet sich wohl auch eine Sonderregelung für Schwerarbeiter, allerdings ist diese so angelegt, dass sie kaum jemand erreichen kann und darüber hinaus auch noch befristet).

Abschließende Bemerkungen

In einer seiner zahlreichen Aufsätze zu Wirtschaftspolitik sagte Joseph A. Schumpeter einmal: „Es muss und wird einmal dazu kommen, dass sich Arbeitgeber und Arbeitnehmer *uno actu* über Löhne, Kapitalbildung und Steuerlast beraten" (1929). Er, der nicht im Verdacht steht, Gewerkschaftsexperte oder Sozialdemokrat zu sein, nahm hier nichts weniger als die Sozialpartnerschaft vorweg, wie sie in Österreich in verschiedenen Formen über Jahrzehnte hindurch nach 1945 praktiziert wurde. In seinem Verständnis einer sozialen Konzentration waren sicherlich auch Fragen der Arbeitsmarktregulierung und der Sozialpolitik eingeschlossen.

Seit der „Wende" des Jahres 2000 sind solche Gedanken zwar „out", und das alles gilt nichts mehr. „In" sind der Konflikt, das Ausspielen und Aufhetzen der einen gegen die anderen, das Entscheiden mit Mehrheit durch „Drüberfahren" ohne die Bereitschaft, mit Betroffenen in ernsthafte Gespräche einzutreten. Dass die daraus resultierenden Ergebnisse berauschend sind oder etwas Derartiges erwarten lassen, lässt sich allerdings immer schwerer darstellen. Aber Mehrheitsverhältnisse ändern sich; es wird dann wohl zu Gegenmaßnahmen kommen. Auf der Strecke bleibt die Stabilität, es steigt die Volatilität.

Schlussfolgerung für 2010: Karl Aiginger zeigt in seiner jüngsten Studie Kriterien für den Erfolg in Europa: Es sind dies Reformen des Sozialstaates durch Umbau (nicht durch Demontage), das Forcieren von Technologie, Forschung und Ausbildung sowie die Etablierung von Konsenssystemen.

Arnold Schmidt

Forschung und Universitäten im nächsten Jahrzehnt

Die Zeitspanne bis 2010 ist kurz. Aber was lässt sich schon mit einiger Verlässlichkeit über einen Zeitraum sagen, der länger als zehn Jahre ist? Kürzlich hörte ich einen Vortrag über die ursprünglichen Voraussagen des Club of Rome. Was man aus der anschließenden Debatte zweifellos lernen konnte, war Bescheidenheit in Bezug auf Prognosen. Aber ich denke, für einen eingeschränkten Zeitraum kann man schon einiges wagen. Und man sollte es wohl auch, vor allem, um eine gewisse Orientierungshilfe zu haben.

Sowohl auf nationalem als auch europäischem Niveau gibt es eine anhaltende Debatte über die Zukunft der Forschung und der Universitäten. Dabei stehen einige Einschätzungen seit Jahren im Zentrum: Erstens stellen gut ausgebildete, insbesondere durch Beschäftigung mit Wissenschaft geschulte Arbeitskräfte eine zentrale Ressource jedes wirtschaftlich ambitionierten Landes dar und gelten damit als die wichtigste Voraussetzung für ökonomisches Wachstum. Zweitens ist unsere Gesellschaft wissensbasiert, und zwar nicht nur in dem Sinn, dass der Anteil der durch Wissenschaft Ausgebildeten an der erwerbstätigen Bevölkerung in den letzten Jahrzehnten stark angestiegen ist und noch immer steigt. Die Erzeugung neuen Wissens selbst (*knowledge generation*) hat ihren Charakter grundsätzlich geändert: Forschung, Entwicklung und die Herstellung neuer Produkte sind so sehr aneinander gerückt, dass sie ineinander übergehen und im Extremfall so gut wie gleichzeitig stattfinden.

Falls diese Vorstellungen zutreffen, muss sich die Forschung bzw. die Art, wie Forschung betrieben wird, von Grund auf ändern; und damit selbstverständlich auch die Universitäten. Diesen wird vielfach eine völlig neue Rolle zugeschrieben, die sie entweder in Ergänzung oder in Ersatz ihrer bisherigen übernehmen sollen. Je nachdem, ob diese Entwicklung bedauert oder als notwendig erachtet wird, wird das Ende der Humboldt'schen Universität beklagt oder gefordert. Ein wenigstens kursorischer Blick auf die Entwicklung der europäischen Universitäten seit ihren Anfängen erscheint hier angebracht.

Die Entwicklung der Universitäten

Die europäischen Universitäten, hervorgegangen aus den Lateinschulen des Mittelalters, haben seit jeher verschiedene Rollen gleichzeitig erfüllt, wenn auch über die Jahrhunderte hin mit Änderungen und Umbrüchen. Im Zentrum standen immer Ausbildung, Erziehung und in wechselndem Maß auch Bildung. Dazu kamen die systematische Aufbereitung vorhandenen Wissens und seine Mehrung durch Forschung. Ratschläge zum Handeln, insbesondere Ratschläge für und an Mächtige, spielten immer eine, wenn auch kleinere Rolle. Die bis in unsere Zeit übliche Gliederung der mitteleuropäischen Universitäten in die vier Fakultäten – Theologie, Recht, Medizin und Philosophie – spricht eine klare Sprache. Drei von ihnen haben klar beschriebene Berufsausbildungen als Kern ihrer Tätigkeit. Nur die philosophische Fakultät, die große Mehrheit aller Wissenschaften umfassend, zeigt ein anderes Bild: Die Pflege der einzelnen Wissenschaften und ihre Förderung stehen im Vordergrund.

Mit dem Beginn des 19. Jahrhunderts tritt eine Änderung der Beziehung von Wissenschaft und Technik ein, die in Folge die Universitäten auf das Nachdrücklichste beeinflusst. Die Erfindung der Dampfmaschine und ihre ersten praktischen Einsätze kommen im Wesentlichen noch aus einer rein technisch-handwerklichen Tradition. Ihre Weiterentwicklung verdankt sie aber in zunehmendem Maß der Wissenschaft, vor allem der Thermodynamik, die sich ihrerseits ohne diese praktische Anwendung kaum so rasch entwickelt hätte. Anders ist es mit dem zunehmenden Verständnis elektrischer Phänomene. Der Einsatz elektrischer Energie für mechanischen Antrieb, Beleuchtung und Nachrichtentechnik folgt der Formulierung der Maxwell'schen Gleichungen, die im Kern der Elektrodynamik stehen, erst nach einiger Zeit. Damit war eine historische Wende erreicht und gleichzeitig ein Mythos geboren: Naturwissenschaftliche Forschung bringt ökonomischen Nutzen von unerhörtem Ausmaß, vorausgesetzt, man lässt den Wissenschaften Raum und Zeit, sich zu entwickeln.

Die Londoner Royal Society wurde Ende des 17. Jahrhundert gegründet. Sie war die erste von vielen Einrichtungen, welche die Verbindung wissenschaftlicher Forschung mit technischen Neuerungen zum Ziele hatten. Die französischen École Normale Polytéchnique, die Humboldt'sche Universitätsreform und etwas später die Gründung der deutschen Technischen Hochschulen waren Antworten auf die neuen militärischen, wirtschaftlichen und gesellschaftlichen Anforderungen, denen die alten Universitäten nicht gewachsen waren oder die sie negierten. Auch die Gründung der Kaiser-Wilhelm-Gesellschaft, der nachmaligen Max-Planck-Gesellschaft, der – für manche wohl überraschend – die Nutzung neuer wissenschaftlicher Erkenntnisse für technisch-industrielle Anwendungen in die Gründungsurkunde geschrieben wurde, sei hier angeführt. Generell lässt sich wohl sagen, dass dort, wo die Universitäten sich den neuen Zeiten nicht anpassten, ähnliche außeruniversitäre Institutionen gegründet wurden. Gelegentlich wurden die neuen Strukturen, so zum Beispiel die Technischen Hochschulen, später in das System der Universitäten integriert.

Eine wesentliche Markierung in der immer enger werdenden Verflechtung von Wissenschaft und Technik im letzten Jahrhundert stellt das „Manhattan-Projekt" dar. Auf Basis einer mit bescheidensten Mitteln gewonnenen wissenschaftlichen Entdeckung, nämlich der Spaltbarkeit von Atomkernen, wurde ein Technologieprojekt von bis dahin unerhörter Größe konzipiert, das in erstaunlich kurzer Zeit auch das planmäßige Ergebnis lieferte. Dieser, durchaus im engen Wortsinn zu verstehende, einmalige Erfolg hatte nachhaltige Auswirkungen sowohl auf die Entwicklung des Wissenschaftsbetriebes als auch auf die Art, wie technische Neuerungen angestrebt und vorangetrieben werden. Die riesigen Installationen für Hochenergiephysik wären ohne den Erfolg des „Manhattan-Projekts“ kaum je finanziert worden. Und auch die Technologieprogramme der letzten Jahrzehnte wären wohl nicht so groß und erfolgsgewiss angelegt worden. In diesem Zusammenhang sei angemerkt, dass ironischerweise die großen technischen Innovationen unserer Zeit – sieht man von der Kernenergie einmal ab – so gut wie nichts diesen Großprogrammen verdanken, sondern eher einer Vielzahl dezentraler, von niemandem bewusst gesteuerter, ungleich bescheidenerer Initiativen. Man denke an die Einführung des World Wide Web, des PC, des Mobiltelefons und anderer mehr.

Verschiebung der Gewichte

Trotz dieser gewaltigen Änderungen, zu denen sich auch ähnlich mächtige im nichttechnischen Bereich gesellten, scheinen die tradierten Rollen der Universität nach wie vor gegeben zu sein. Dem Wesen nach neue sind nicht zu erkennen, wohl aber eine Verschiebung der Gewichte.

Ein immer größerer Prozentsatz der Bevölkerung erhält eine tertiäre Ausbildung, und es besteht allgemeiner Konsens, dass dieser Anteil weiter steigen soll. Insbesondere scheint es wünschenswert, dass der Anteil der naturwissenschaftlich Ausgebildeten überproportional wächst. Im Gegensatz zur häufig gehörten Meinung, dass das Interesse der jungen Leute an Naturwissenschaft abnimmt, zeigen Langzeitaufzeichnungen über Studienanfänger deutscher Universitäten, dass dem nicht so ist. Ob der perzipierte Bedarf zukünftigen Notwendigkeiten tatsächlich entsprechen wird, darf im Übrigen bezweifelt werden. Vielleicht ist die Verschiebung von „Hardware“ zu „Software“ auch hier schon in vollem Gang. Der stete Anstieg der Beschäftigten in der „Dienstleistungsindustrie“ ist möglicherweise Ausdruck einer langfristigen Entwicklung, vergleichbar mit dem Rückgang der landwirtschaftlichen Produktion gegenüber der industriellen im abgelaufenen Jahrhundert. Der schon länger angekündigte gewaltige Aufschwung der biotechnologischen Industrie lässt auf sich warten – und das vielleicht für immer.

Als Reaktion auf die in allen entwickelten Ländern zu beobachtende Nachfrage nach tertiärer Ausbildung kam es in den letzten Jahrzehnten zu einer Fülle von Neugründungen unter dem Titel von Fachhochschulen, Polytechnical Universities oder Institutes, Akademien u. Ä. Da die Bezeichnungen weitgehend willkürlich sind und die Bezeichnung Universität ohnehin von vielen der neuen Einrichtungen angestrebt wird, sei das Wort „Universitäten" im Weiteren als generischer Begriff für alle Institutionen des tertiären Bereichs verstanden.

Die USA haben, im erwähnten generischen Sinn, rund 5000 Universitäten. Davon bieten nur etwa 500 PhD-Programme an und sind somit Universitäten im engeren Wortsinn. Davon wiederum sind 50 das, was man bei uns gerne „Weltklasse-Universitäten" nennt, also Harvard, Stanford, Princeton, Berkeley, Caltech oder MIT, wobei interessanterweise einige von ihnen gar nicht Wert darauf legen, das Wort „Universität" im Namen zu führen. Insgesamt versorgen diese 5000 Universitäten, ergänzt durch einen nicht ganz unbeträchtlichen Zuzug aus der ganzen Welt, die reichste Volkswirtschaft der Erde mit den gut ausgebildeten Menschen, die sie braucht. Gesetzt den Fall, dass die Bedürfnisse Österreichs dem Kern nach dem der USA entsprächen, gäbe es hier zu Lande, gemessen an den Bevölkerungszahlen – rund 250 Millionen Einwohner gegenüber 8 Millionen – einen „Bedarf" von ein bis maximal eineinhalb Harvards. Österreich hat derzeit 21 Universitäten. Der Anspruch, sie alle hätten in der Harvard-Berkeley-Stanford-Liga zu sein, verbietet sich von selbst.

Differenziertes Universitätssystem

Will man einerseits Universitäten mit wissenschaftlichen Spitzenleistungen haben und andererseits eine breite tertiäre Ausbildung gewährleisten, bietet sich als Lösung ein ausdifferenziertes Universitätssystem an, ähnlich dem nordamerikanischen. Die Differenzierung erfolgt über das Angebot des Abschlusses: Bachelor, Master und PhD. Nicht jede Universität muss alles anbieten. So wie auch heute schon Universitäten nicht das Studium aller Fächer anbieten – was jetzt durch die Ausgliederung der medizinischen Fakultäten noch verschärft wurde –, sollten sie sich in Zukunft nicht scheuen, neben einer breiten Palette von BA-

Studien Master- oder PhD-Programme nur in wenigen Fächern anzubieten. Eine Differenzierung, wie sie in England in der Form von „Research Universities“ für die akademische Spitze und alle anderen diskutiert wird, ist in Österreich von vornherein nicht praktikabel, abgesehen davon, dass diese Art der Differenzierung den Charakter einer Beleidigung wohl nie ganz ablegen würde.

Die vorgeschlagene Differenzierung an den einzelnen Universitäten hat natürlich unmittelbare Auswirkungen auf die immer im Zentrum einer Universität stehende Forderung nach Einheit von Lehre und Forschung. Dabei ist der Unterschied zu den bisherigen Verhältnissen nicht so groß. Schon jetzt müssen Fachgebiete, und zwar wichtige, unterrichtet werden, obwohl die Forschung in ihnen keinerlei Bedeutung mehr hat. Der Begriff forschungsgeleitete Lehre ist in diesem Zusammenhang darauf reduziert, dass der Lehrer selbst durch Forschung ausgebildet ist und eine mehr oder minder ausgeprägte Karriere als Forscher hinter sich hat. BA-Ausbildung kann sicher über weite Strecken auf Lehrer, die gleichzeitig aktive Forscher sind, verzichten.

Anders verhält es sich mit einem PhD-Studium. Ein anspruchsvolles PhD-Studium ist ohne aktive Forschung sowohl des Studenten als auch des Supervisors nicht denkbar. Umgekehrt ist originelle Forschung angewiesen auf die Teilnahme junger Doktoranden und *Postdocs*. Ohne sich einer Übertreibung schuldig zu machen, kann man sagen, dass Forschung ohne sie verkümmert. Nichtuniversitäre Forschungsinstitute von hoher Qualität, wie beispielsweise die Max-Planck-Institute, legen größten Wert darauf, PhD-Studenten bei sich zu haben. Das Weizmann-Institut, ebenfalls ein hervorragendes Forschungsinstitut, bietet selbst PhD-Studien an, so dass es eigentlich eine Universität ohne *Undergraduates* darstellt. Sollte es je zur Gründung einer „Forschungsuniversität“ kommen, wie sie in letzter Zeit von einem prominenten österreichischen Wissenschaftler mehrfach propagiert wurde, wäre das Weizmann-Institut ein gutes Modell. Unabhängig von solchen ambitionierten Plänen ist die Einrichtung von *„Graduate Schools“* an österreichischen Universitäten schon längst überfällig. Ihre Existenz würde auch zu der notwendigen qualitativen Differenzierung der Universitäten beitragen.

Die Forderung, die Begabtenreserven voll auszuschöpfen, hat an Aktualität nichts eingebüßt. Frauen sind die große intellektuelle Reserve schlechthin. Neben den alten Bemühungen, auch Kindern sozial niederer Schichten eine tertiäre Ausbildung angedeihen zu lassen, kommen jetzt in steigendem Maße die Kinder von kürzlich nach Österreich Zugezogenen dazu. Diese Ausbildung des lokalen Nachwuchses muss im Werben um die Talente aus der Welt seine Ergänzung finden. Österreichs Prozentsatz an ausländischen Studenten, insbesondere nach Bereinigung der Zahlen durch Deutsche und Italiener (die im Übrigen überwiegend Südtiroler sind), ist beschämend gering. Auch hier sollten die USA Vorbild sein.

Lebenslanges Lernen ist selbstverständlich wichtig und wird zunehmend wichtiger. Bildungspolitische Studien bestätigen aber in starkem Ausmaß den alten Spruch: „Was Hänschen nicht lernt, lernt Hans nimmermehr" – was ein Plädoyer für eine breit angelegte Grundausbildung in jungen Jahren darstellt.

Stefan Titscher

Ist die Universitätsreform eine „schöpferische Zerstörung"?

Annahmen zu Entwicklungen der österreichischen Universitätslandschaft bis 2010

Die Frage nach der „schöpferischen Zerstörung" kann – in Anlehnung an Josef A. Schumpeter[13] – unter zwei Voraussetzungen mit Ja beantwortet werden: Die Reform ist dann eine schöpferische Zerstörung, wenn sie einen Prozess auslöst, der zum Aufschwung der universitären Forschung und der Universitätsbildung führt, also die „Konjunktur" von Forschung und akademischem Lehren und Lernen belebt. Anders ausgedrückt: Die Universitätsreform wird dann sinnvoll gewesen sein, wenn die „Wissensgesellschaft"[14] als angemessene Beschreibung der

---

13 Zum Begriff „schöpferische Zerstörung" siehe Schumpeter 1993, S. 138.

14 Der Begriff Wissensgesellschaft wurde Anfang der 70er Jahre geprägt, dann vergessen und erst 1993 von Peter F. Drucker wieder aufgegriffen und populär. Eine aktuelle Definition des Begriffs liefert etwa der Bericht der EU-Kommission (2003, 5): „Den Ursprung für die Wissensgesellschaft und die wissensbasierte Wirtschaft bilden vier miteinander verbundene Elemente: Schaffung von Wissen (insbesondere durch wissenschaftliche Forschung), Vermittlung von Wissen durch allgemeine und berufliche Bildung, Verbreitung von Wissen durch Informations- und Kommunikationstechnologien und Nutzung von Wissen mittels innovativer Technologien."

Gesellschaft der nächsten Jahre oder Jahrzehnte angesehen werden kann. Und diese Behauptung setzt wiederum voraus, dass universitäre Aktivitäten einen bedeutsamen Beitrag zur Entwicklung einer Wissensgesellschaft leisten, entsprechende Forschungsleistungen erbringen und ein Bildungsangebot aufweisen, das angenommen wird.

Zweitens unterscheidet sich die Universitätsreform nur dann von *Imitation* oder *Invention*[15], wenn sie eine schöpferische (innovative) Antwort auf die Lage der Universitäten ist und den vorläufigen Endpunkt einer Neuentwicklung darstellt. Unter welchen Bedingungen kann sie als solche bezeichnet werden? Wenn sie Bedingungen schafft, d. h. Freiräume, die es den universitären Akteuren ermöglichen, bisher Bewährtes in neuartiger Form zu kombinieren und so neue Regelungen für die Probleme der Forschung und Lehre an Universitäten zu entwickeln. Diese Annahme ist optimistisch, da bisherige Entwicklungen wenige Belege dafür liefern, dass akademische Freiheit in diesem Sinne ausgenutzt wurde.[16] Die Beobachtung der bisherigen Entwicklung lie-

---

15 Die Bezeichnung Innovation im Sinne Schumpeters trifft auf die Universitätsreform zu, da die von ihm genannten fünf wichtigsten Merkmale, deren Neukombination eine Innovation kennzeichnen, Bedeutung haben: Es werden neue verbesserte *Produkte* (etwa im Studienbereich) angestrebt. Neue *Produktionsverfahren* werden angewendet, da durch die *Organisationsautonomie* die Herstellung der Forschungs- und Lehrleistungen verändert wird. Dadurch sind die Universitäten auch frei, sich neue *Beschaffungs-* und *Absatzmärkte* (etwa Studierende im Ausland, Bildungsexport in andere Länder, neue Abnehmer für Forschungsergebnisse) zu erschließen. Das wird ihnen durch eine Reihe von völlig neuen Rechtsfiguren, wie etwa die Vollrechtsfähigkeit oder das neuen Personalrecht sowie größere Freiheiten im Studienrecht ermöglicht. Zum Begriff „Innovation" siehe Schumpeter 1997, S. 100 f.
Der Vergleich mit einer ökonomischen Theorie bedeutet aber weder, dass mit dem Universitätsgesetz 2002 die Universitäten als Unternehmen etabliert wurden, noch dass von den Rektoren erwartet wird, dass sie dem Bild Schumpeters vom Unternehmer entsprechen. Sehr wohl bedeutet aber dieser Vergleich, dass die Reform einer „kapitalistischen" Logik folgt. – Siehe dazu die nachfolgenden Bemerkungen zur Entwicklung der Reform.

16 Anders ausgedrückt: Die Betonung der Freiheit von Forschung und Lehre war selten mit der Vorstellung verbunden, dass dies nicht nur ein Recht ist, sondern auch Verpflichtungen mit sich bringt. (Hornbostel 2001, S. 156)

fert einen Beleg für die Behauptung von Niklas Luhmann (2002), dass Reformen ein Ersatz für Evolution sind. Wenn nicht absehbar ist, dass die Selbstentwicklung der Universitäten zu kostenbewussterem Umgang mit Ressourcen und wirksamer Transformation des Wissens führt, wird eine Reformspirale in Gang gesetzt.[17]

Vor einem Blick in mögliche Zukünfte ist die Ausgangslage zu beschreiben. Das soll durch zwei Hinweise geschehen: Die Skizze der Situation vor Beginn des Prozesses stellt einige Bedingungen dar, die von den Befürwortern der Reform als Begründung für die Neuordnung der Universitätslandschaft angeführt wurden. Und vor dem Blick in mögliche Zukünfte ist noch ein Ausflug zurück angebracht, eine Zusammenfassung der Geschichte der österreichischen Hochschulreform, da Erinnerung Orientierung in der Gegenwart gibt.

Stationen der Entwicklung des österreichischen Universitätswesens

Für die Entwicklung des österreichischen Universitätswesens seit 1945 sind folgende Stationen wesentlich:[18]

1948	Hochschulassistentengesetz	Assistenten werden nur in Ausnahmefällen auf Dauer übernommen
1950	Hochschülerschaftsgesetz	Rechtsgrundlage für ÖH, Pflichtmitgliedschaft (bestätigt)
1953	Hochschultaxengesetz	Einführung von Remunerationen, Prüfungs- und Kolleggeldern
1955	Hochschulorganisationsgesetz (HOG)	Universitäten „Anstalten des Bundes"
1962	Hochschulassistentengesetz	Verbeamtung der Assistenten
1962	Linzer Hochschulfonds Gesetz	Erstes Beispiel für eine alternative Form der Universitätsfinanzierung

[17] In diesem Zusammenhang muss man sich vor Augen halten, dass Hoffnungen und Befürchtungen keine Vorhersagen sind (Hobsbawm 1994, S. 719). Diese Feststellung gilt für den gesamten Beitrag.

[18] Siehe dazu detaillierter die Artikel von Erhard Busek, Kaspar Einem und Sigurd Höllinger in: Höllinger & Titscher (Hrsg.) (2004).

1966	Studiengesetz (AHStG)	Erste systematische Regelung der Studienbedingungen
1967	Forschungsförderungsgesetz	Gründung des FWF
1975	Universitätsorganisationsgesetz (UOG)	Mitbestimmung („Gruppenuniversität"), Universitätsdirektor wird dem Minister unterstellt, ständische Gliederung (Kurien)
1987	Novelle zum UOG	Teilrechtsfähigkeit der Institute
1993	Universitätsorganisationsgesetz (UOG 93)	Satzungsrecht, Stärkung der Leitung, Einführung einer durchgängigen Parallelstruktur von monokratischen und kollegialen Organen
1993	Fachhochschulstudiengesetz (FHStG)	Möglichkeit der Einrichtung von FH-Studiengängen; Einrichtung des Fachhochschulrates
1998	Kunstuniversitätsorganisationsgesetz (KUOG)	Angleichung der Kunstuniversitäten an die wissenschaftlichen Universitäten
2002	Universitätsgesetz (UnivG 2002)	„Autonomie", Vollrechtsfähigkeit, Neuregelung der Aufsicht; erstes Universitätsgesetz, das nicht auf die Organisation beschränkt ist

Abgesehen von einzelnen, durchaus einschneidenden Episoden, wie etwa dem 40 Jahre wirksamen Hochschulassistentengesetz, dem Hochschultaxengesetz oder – um auch ein positives Vorhaben zu erwähnen – dem Forschungsförderungsgesetz, lässt sich die Entwicklung in vier Hauptepisoden zusammenfassen. Diese vier Hauptstadien sind durch dominante Themen charakterisiert, die unterschiedlichen politischen Leitideen entsprechen und auf jeweils andere Arten von Steuerungsprozessen setzen:

	Gesetz	Dominantes Thema	Steuerungsmedium
1955	Hochschulorganisationsgesetz (HOG)	Verrechtlichung	Erlässe
1975	1. Uni-Reform (UOG)	Mitbestimmung	Anträge
1993	2. Uni-Reform (UOG 93)	erweiterte Autonomie	Nichtuntersagung
2002	3. Uni-Reform (UnivG 2002)	Vollrechtsfähigkeit	Leistungsvereinbarungen und Formelbudget

Aus dieser Darstellung kann man folgern:

- Die Hochschulpolitik erschöpfte sich jahrzehntelang in einer rein personen- oder beziehungsorientierten Berufungspolitik.
- Hochschulgesetze waren lange Zeit auf eine Ordnung der von Politik und Administration nicht systematisch beobachteten, tradierten Verhältnisse konzentriert.
- Die Diskussion der Universitätsreformen begann vor etwa 40 Jahren und hat erst zehn Jahre später zu einer Reform geführt.[19]
- Dieses UOG (1975) ist ohne große Anstrengung als Reaktion auf die gesellschaftlichen Entwicklungen (der späten 60er Jahre) identifizierbar.
- Das UOG 1993 war der (nicht zu Ende geführte) Versuch, die Autonomie der Universitäten zu erreichen.
- Das Universitätsgesetz 2002 setzt diesen Weg konsequent fort; es ist als Reaktion auf die Etablierung des europäischen Hochschulraums und die Zunahme internationaler Konkurrenz zu verstehen. Geprägt ist es durch den Einzug der Ideen des *New-Public-Management* (bzw. diverser Abwandlungen) in europäische Reformkonzepte.

Insgesamt erweckt dieser Ablauf den Eindruck, dass vorwiegend bestimmte Interessengruppen das Geschehen bestimmt und entsprechende Regelungen durchgesetzt haben. Vorhaben, die einen Gesamtumbau

---

[19] Die Diskussion der Organisationsreform wurde 1965 aufgenommen mit dem von Theodor Piffl-Percevic eingesetzten Rat für Hochschulfragen bzw. dem Diskussionsvorschlag von Kneucker/Tuppy/Strasser.

im Auge hatten, waren immer an einer politischen Leitidee orientiert. Aus dieser Beobachtung lässt sich folgern, dass eine Änderung der derzeit geltenden Rahmenbedingungen erst dann erwartbar ist, wenn sich gesellschaftliche Änderungen in einer Neuorientierung der Politik niederschlagen.[20]

Unterstützt wird diese Annahme auch durch die Feststellung, dass das Erziehungssystem nie Motor der Entwicklungen einer Gesellschaft war, sondern diese bestenfalls nachvollzogen hat.[21] Insofern setzen Annahmen über die künftige Entwicklung des tertiären Bildungssektors oder seiner Teilbereiche zweierlei voraus: Annahmen über gesellschaftliche Veränderungen und Annahmen über die Reaktion des Erziehungssystems auf diese Veränderungen.

Die Ausgangssituation

Wie lässt sich die Ausgangssituation in geraffter Form beschreiben? Erforderte sie einen Aufschwung und ist ein (für Innovationen typischer) Aufschwung absehbar? Die Einschätzung soll anhand der *Personalsituation*, der *Organisation* und der *Schwerpunktsetzung* (Profilentwicklung der Universitäten) erfolgen.

In Kurzform kann die *Personalsituation* mit der Feststellung charakterisiert werden, dass im Jahre 2010 etwa knapp die Hälfte der zur Zeit aktiven Professoren die Universität aus Altersgründen verlassen haben werden. Dies ist dem Hochschulbericht des Jahres 2002 zu entnehmen:

---

20 Damit ist nicht Parteipolitik gemeint. Das Cover (Barnett Newman: „Who ist afraid of Red, Yellow and Blue“) des Sammelbandes von Titscher & Höllinger (Hrsg.) (2003) soll darauf verweisen, dass die Reform keiner „Farbe“ zuzuordnen ist.

21 Siehe dazu Luhmann (2002).

Anzahl an den	Professoren gesamt	2002 – 2005	2006 – 2010	2011 – 2015
Universitäten	1.614	233	549	339
Kunstuniversitäten	378	52	84	101
Summe	1.992	285	633	440
%		14,31	31,78	22,09
kumuliert %			*46,08*	*68,17*

Quelle: Bundesministerium für Bildung, Wissenschaft und Kultur: Hochschulbericht 2002, Band 2. In der Kategorie „Professoren gesamt“ sind zusammengefasst: ordentliche und außerordentliche Universitätsprofessorinnen und -professoren nach UOG 1993.

Bedeutsam ist dieses Datum deshalb, weil Professuren traditionellerweise schon allein durch die Bezeichnung ihrer Berufung üblicherweise das Fach bzw. die Fächerverteilung an den Universitäten bestimmen. Lehre und Forschung werden also, obwohl es keine „Lehrstühle“ mehr gibt, zu einem Gutteil physisch repräsentiert; und das bei einem bisher sehr starren Dienstrecht.

Bis zum Jahr 2010 wird aber seit Jahren ein neues (nicht mehr beamtenrechtlich ausgestaltetes) Personalrecht gelten und es werden (erstmals in der Geschichte von Österreichs Universitäten) Kollektivverträge gültig sein, welche die Arbeits- und Entlohnungsverhältnisse und die Berufsbilder neu regeln.

Bei der Frage der *Organisation* und Stellung der Universität zeigt sich, warum das UOG 93 zwar immer als wesentlicher Schritt auf dem Weg zu einer Universitätsautonomie bezeichnet wurde, zugleich aber auch als „stecken gebliebene“ Reform apostrophiert wurde. Das Doppelgesicht dieses Regelwerks drückt sich etwa darin aus, dass alle monokratischen Organe ein Kollegialorgan zur Seite gestellt bekamen. Die Universität hat zwar mehr Kompetenzen bekommen, war aber zugleich – dank der Verordnung von Gremien – zu erhöhtem internem Abstimmungsbedarf, also zu Bürokratisierung, verhalten. Ein zweites Indiz für die Unvollständigkeit der Reform war der Universitätsbeirat: ein sozialpartnerschaftlich zusammengesetztes Gremium ohne Kompetenzen. Als letzter kritischer Punkt sei erwähnt, dass der Universitätsleitung – dank der Studienkommissionen[22] – die Bestimmung über die Studien entzogen war.

Durch keine Maßnahmen der Universitätspolitik ist es in den letzten Jahrzehnten gelungen, Universitäten zur *Schwerpunktsetzung* zu bewegen. Es sind kaum Fälle bekannt, in denen Neues – von innerdisziplinären Entwicklungen abgesehen – durch Aufgabe von Bisherigem geschaffen wurde. Das Leistungsspektrum der Universitäten in Lehre und Forschung wurde kaum jemals dadurch gestärkt, dass schwache Bereiche reduziert und die Ressourcen umgelenkt wurden. Es sind auch kaum Fälle bekannt, in denen Kooperationen zwischen Universitäten im Lehrbereich stattgefunden haben. Offensichtlich hat kein Mangel Kooperation erforderlich gemacht. Als Folge stellte sich ein nicht absehbarer und ständig wachsender Ressourcenbedarf ein. Voraussetzung für Maßnahmen zur Profilentwicklung sind Entscheidungen über jene Schwerpunkte einer Universität, die sie auch künftig haben will, weil sie konkurrenzfähig sind und zu den ureigenen Stärken zählen. Derartige Diskussionen sind Gremien nicht zumutbar, in denen die Fach- und Gruppenvertreter in vielfacher Weise voneinander abhängig sind. Sowohl die vom Universitätsgesetz 2002 verbindlich vorgeschriebenen Entwicklungspläne als auch die vorgesehene Steuerung durch Leistungsvereinbarungen bauen auf einer Profilbildung der Universitäten auf.

Künftige Entwicklungen

Bei der Einschätzung der konkreteren künftigen Entwicklung greife ich drei Themen heraus, die für die Funktionsfähigkeit der Universitäten besonders wichtig sind: die neuen *Leitungsstrukturen*, die *Leistungsvereinbarungen* und die *Finanzierung*.

2010 neigt sich die zweite Funktionsperiode der Rektorate nach dem neuen Universitätsgesetz ihrem Ende zu. Die Universitätsräte sind mitten in ihrer zweiten Funktionsperiode. Man wird also gut beurteilen

[22] Die Studienkommissionen sind der interessante (und sonst kaum zu findende) Fall einer drittelparitätisch zusammengesetzten Kommission mit behördlichen Aufgaben.

können, ob und wie sich die neuen *Leitungs-* und *Managementstrukturen* bewähren. Zwei Kriterien für die Bewährung lassen sich voraussagen:

- Wie wird mit der neuen Machtbalance umgegangen? Mit dem an sich starken Aufsichtsorgan Universitätsrat werden gesellschaftliche Gruppierungen in die Universitätssteuerung einbezogen. Tendenziell werden sie einerseits die Interessen „ihrer" Universität („gegen" das Ministerium) vertreten. Andererseits kommen auch Landes- oder Regionalinteressen mehr oder offener zur Geltung als bisher. In diesem Kräftefeld wird jedenfalls auch noch der Senat eine wichtige Rolle spielen – als „akademisches Gewissen" oder als Stimme der Professoren oder als retardierendes Element, jedenfalls aber als Bestimmungsfaktor für die Ausgestaltung der universitären Lehre; und das heißt etwa die Einführung des zweigliedrigen Studiums. Für die neue Machtverteilung ist auch wichtig, ob der Rektor, wie vielfach befürchtet, der „starke Mann" sein wird, der die Universität autoritär führen kann. Vorauszusehen ist, dass dies nicht der Fall sein wird: Zum einen spricht die eben skizzierte Machtbalance dagegen. Hinzu kommt noch, dass Rektoren nicht so machtvoll ausgestattet sind, wenn die Leistungsvereinbarungen die ihnen zugedachte Funktion erfüllen, d.h. wenn sie konkrete Auswirkungen haben und ihre Einhaltung auch kontrolliert wird. Dann kommt die Universitätsspitze in die Lage, dass sie sich dem Ministerium gegenüber zu Leistungen verpflichtet, die andere erbringen müssen.[23]
- Die zweite Frage ist: Wie wirkt sich das interne Konfliktpotenzial aus? Klar scheint, dass es insgesamt steigen wird. U. a. deshalb, weil die Verteilung von Einfluss und Ressourcen weniger häufig in Gremien nach Regeln von „Nichtangriffspakten" erfolgt. Immer mehr gewinnen interne Zielvereinbarungen an Bedeutung, die aus dem *Contracting* abgeleitet werden.[24] Zusammen mit relativen

---

23 Und wenn der Rektor der gefürchtete starke Mann ist, so wurde in Kenntnis dieser Möglichkeit ein guter Bekannter, d.h. jemand, dessen Verhalten einschätzbar sein müsste, gewählt: An 17 der 21 Universitäten wurde entweder der bisherige Rektor (an zwei der drei Medizinischen Universitäten der Dekan) oder ein Vizerektor zum neuen Rektor gewählt.

24 Dies beginnt bereits bei den aktuellen Verträgen mit Rektoren, bei denen viele Universitätsräte einen erfolgsbezogenen Entgeltanteil vorgesehen haben.

finanziellen Restriktionen erhöht sich weiterhin der Druck, da die bisherige Konfliktkultur zu Mehrkosten geführt hat; die Möglichkeiten von Zuteilungen um des lieben Friedens willen werden stark eingeschränkt.

2010 wird das Jahr sein, in dem die ersten *Leistungsvereinbarungen* zu Ende gehen. Man wird also sehr gut beurteilen können, wie dieses neue Steuerungsinstrument wirkt. Wie wird es sich auswirken?

- Universitäten werden sich verstärkt durch unterschiedliche Leistungsangebote voneinander unterscheiden. Allerdings kann es in einer ersten Reaktion auf die neue Selbstständigkeit und Konkurrenzsituation auch zu Versuchen kommen, einzelne Fächer mit Professuren für Grundlagen auszustatten und sich nicht auf Bereiche zu spezialisieren, die andere Universitäten nicht anbieten.
- Unvermeidbar scheint der „Abschied von der Universität aller Fächer", weil sich Universitäten auf ihre Stärken oder Kernkompetenzen konzentrieren müssen, um konkurrenzfähig zu sein. Das Leistungsangebot einzelner Universitäten wird damit zwar schmäler werden, aber an Differenzierung gewinnen. Sie werden sich generell – im Sinne der begonnenen Profilentwicklungen – um Kernbereiche gruppieren.
- In beiden Punkten kann Geldknappheit helfen, sodass unnötige Vervielfältigungen abnehmen und Kooperationen zunehmen. Wahrscheinlich wird aber eine Zeit lang reine Konkurrenz herrschen, bis gelernt wird, dass Kooperation trotz Wettbewerb in manchen Bereichen möglich und notwendig ist.
- Sollte die demografische Entwicklung den Prognosen entsprechen, so werden in den Leistungsvereinbarungen Bildungsangebote für Ältere einen höheren Stellenwert bekommen.[25] Universitäten werden sich in zunehmendem Maße, wollen sie gesellschaftlich relevante Leistungen anbieten, um die Weiterbildung von Erwachsenen bemühen müssen. Wenn im Laufe des Lebens mehrere

[25] Anzunehmen ist, dass bis dahin der Trend, „Kinderuniversität" zu spielen, wieder abgeebbt sein wird. Das Universitätsgesetz verpflichtet (erstmals) Universitäten dazu, die eigenen Absolventen zu betreuen.

unterschiedliche Berufe auszuüben sein werden, so wird das abgeschlossene Studium noch weniger als bisher die Berufsfähigkeit garantieren, Weiterbildung wird an Bedeutung zunehmen.

2010 wird aber auch das Jahr sein, in dem die erste *Budgetierung* maßgeblich durch einen formelgebundenen Budgetanteil beeinflusst wird. Was ist daher zu erwarten?

- Der Stellenwert der Lern- und Lehrprozesse wird steigen, weil die staatliche Steuerung Absolventenquoten höchstwahrscheinlich berücksichtigen wird. Außerdem sind seit 2004 Studienbeiträge eine relevante Budgetgröße geworden. Andererseits werden Universitäten, die in der *Scientific Community* Bedeutung haben wollen, verstärkt auf ihre Forschungsleistungen hinweisen müssen. Schließlich muss folgende Diskrepanz überwunden werden: Die Höhe der verfügbaren Mittel bemisst sich vorwiegend an Lehr- und Lernleistungen, der Ruf kommt durch Forschungsleistungen zustande. Mit diesen Entwicklungen werden wahrscheinlich weitere Konsequenzen verbunden sein, wie etwa die zunehmende Berücksichtigung studentischer Interessen oder eine Differenzierung in Lehr- und Forschungsprofessuren (hoffentlich in der Zeit und nicht als unterschiedliche Kategorien).
- An diesem Punkt zeigt sich deutlich, dass die künftige Organisation der Forschungsförderung bzw. ihr tatsächliches Funktionieren eine wesentliche Rolle spielen wird. Die Entwicklung der Universitäten – als Einrichtungen, an denen (im EU-Durchschnitt) zu über 80 Prozent Grundlagenforschung betrieben wird – hängt in finanzieller Hinsicht ganz wesentlich von der Forschungsförderung bzw. -finanzierung ab. Erwartbar ist, dass sich bis zum Jahr 2010 ein neues Finanzierungskonzept eingespielt haben wird: Die Finanzierung der Universitäten setzt sich aus fünf tragenden Elementen zusammen: dem staatlichen Budget, den Studienbeiträgen, der Forschungsfinanzierung, Drittmitteln aus Aufträgen und Drittmitteln aus verkauften universitären Leistungen.[26] Universitäten

[26] Bisher macht das staatliche Budget etwa 90 Prozent aus; wobei die Unterschiede zwischen den Universitäten groß sind.

werden gelernt haben, dass sie ihre Unabhängigkeit erhöhen können, indem sie ihre Abhängigkeiten vervielfachen; daher wird die relative Bedeutung des über das Ministerium verteilten staatlichen Budgets abnehmen. Ermöglicht wird diese Entwicklung zu neuartigen Freiräumen einerseits durch das „Loslassen"[27] der Politik. Die Unabhängigkeit wird zweitens erhöht durch die mit dem Universitätsgesetz 2002 erfolgte Umstellung von „enger" auf „lose Kopplung"[28] zwischen diesem Teil des Bildungssystems und dem administrativ-politischen System.

- Insgesamt wird der Wettbewerb um finanzielle Mittel zunehmen. Auch deshalb, weil eine neue Universität (die Donau-Universität in Krems) hinzugekommen ist und sich einige Privatuniversitäten konsolidiert haben werden oder zumindest Mittel in Anspruch nehmen, die Universitäten ebenso brauchen könnten. Überdies werden bis 2008 die Pädagogischen Akademien in Hochschulen umgewandelt sein und eine weitere Einrichtung Bakkalaureatsstudien anbieten. Der Konkurrenzdruck wird sich durch die Erweiterung der EU erhöhen, weil einige Universitäten in den europäischen Hochschulraum aufgenommen werden, die bisher von der österreichischen *Scientific Community* nicht hinreichend als ernst zu nehmende Konkurrenz berücksichtigt wurden.
- Bis 2010 wird zur Gewohnheit geworden sein, jährlich eine Gewinn-und-Verlust-Rechnung vorzulegen. Universitäten werden das sechste Mal Rechenschaft darüber ablegen, wie sie wirtschaften, d.h. etwa über welches Vermögen sie verfügen, wofür sie wie viel investieren und welche (immateriellen) Vermögenswerte sie wie bewerten. Dann wird auch klar sein, zu welchen Anteilen sich das Budget aus welchen der vier genannten Quellen zusammensetzt.

---

27 Siehe dazu den Beitrag von Kaspar Einem in Höllinger & Titscher (Hrsg.) (2004).

28 Anzunehmen ist, dass in zunehmendem Maße politische Entscheidungen weniger direkt, schnell und unmittelbar auf das Erziehungs- und Bildungssystem einwirken, die Kopplung zwischen diesen Teilsystemen also eher lose sein wird.

Auswirkungen der Reform

Trotz der weichen Formulierung wird in der Realität die eine oder andere dieser Annahmen nicht beobachtbar sein. Eine stabilere Aussage über die Auswirkungen der mit der Reform getroffenen Entscheidungen – also über eine wahrscheinliche Zukunft – kann auf einem etwas abstrakteren Niveau gemacht werden.

In den kommenden Jahren wird sich die Einstellung der universitären Hauptakteure dahingehend verändert haben, dass zwei Stufen der Transformation als selbstverständlich angesehen werden: Zunächst wird Kapital in Wissen transformiert, und in einem zweiten Schritt wird (neues) Wissen in Kapital umgewandelt. Dass diese zwei Stufen als selbstverständlich angesehen werden, meint, dass sie als die Kernprozesse universitärer Produktion begriffen werden.

Allerdings ist darauf hinzuweisen, dass hier der Kapitalbegriff – analog zu Pierre Bourdieu – weiter gefasst wird und nicht nur ökonomisches, sondern auch kulturelles Kapital (wie Fähigkeiten, Qualifikationen), soziales Kapital (das sich in Beziehungen, Verpflichtungen niederschlägt) und symbolisches Kapital (manifestiert in Rankings und anderen Prestigewerten) meint.[29]

[29] In dürrer Gesetzeslogik kommt dies in der „Wissensbilanz“ zum Ausdruck, die Universitäten dem neuen Gesetz zufolge legen müssen.

Transformation 1	„Kapital" → Wissen	
	Input: Ressourcen (staatliche Mittel, vorgebildete Studienbeginner), Geld von Vertragspartnern	Lehre: kommunizierte Fähigkeit und Bildung, Forschung: kommunizierte Ideen und Forschungsergebnisse
	Universitäten erhalten vom Staat Kredit, (a) um für diese Transformationsprozesse entsprechend Zeit zu haben; (b) um – in Anbetracht der unsicheren „Trefferquote" der Forschungs- & Erziehungsprozesse – einen entsprechenden Puffer zu haben.	
Steuerung durch	interne Organisierung der: Lernprozesse (Prüfungen, Zensuren) Forschungsprozesse Strategisches Prinzip: „Profilentwicklung" Leistungsvereinbarungen: Erwartungen, deren Erfüllung den staatlichen Kredit rechtfertigt (die Erfüllung der Erwartungen zeigt sich an entsprechenden Karrieren der Absolventen, am Wert der publizierten Arbeiten und am Prestige der Forscher)	
Transformation 2	**„Wissen" → Kapital**	
	Lernen: Fähigkeit, Bildung Forschung: Ideen, Forschungsergebnisse	Erfolge in der Praxis durch: personenbezogen: Karriere, Arbeitsfähigkeit sachbezogen: Patente sozial: Prestige und Karrieren (auch von Absolventen)
Steuerung durch	„Marketing" (Beeinflussung der Umwelten, so dass erwünschte Reaktionen – Zitationen, Forschungsgelder, Andrang der „richtigen" Studierenden, entsprechende Presse – auf eigene Ergebnisse erwartbar werden); um eigene Kriterien in den Umwelten durchsetzen zu können, ist eine entsprechende Struktur der Organisation erforderlich.	

Für die Zusammenfassung wurde eine Darstellung gewählt, die der Logik der Reform entsprechen soll. Die Orientierung liegt auf der Schaffung von mehr Kapitalien durch den Einsatz von Wissen. In den nächsten Jahren wird sich zeigen, ob die Rechnung aufgeht: Universitäten sollen trotz reduzierter Ressourcen mehr und bessere Möglichkeiten haben, Bildung anzubieten, Forschungsergebnisse zu generieren und Absolventenwissen zu produzieren. Dieser scheinbare Widerspruch löst sich unter zwei Voraussetzungen auf: Universitäten müssten ihre Bürokratiespiele beenden und ihre Energien mehr in außen wirksame Aktionen investieren. Der Staat müsste jene Ressourcen garantieren, die es Universitäten ermöglichen, ihre Grundfunktionen zu erfüllen und die Mittel einwerben zu können, die sie für weitere Leistungen einsetzen wollen.

Literatur

BOURDIEU, P., Ökonomisches Kapital, kulturelles Kapital, soziales Kapital, in: R. Kreckel (Hrsg.): Soziale Ungleichheiten, Soziale Welt, Sonderband 2, Göttingen 1983, S. 183–198

EUROPÄISCHE KOMMISSION: Die Rolle der Universitäten im Europa des Wissens. Brüssel: Komm (2003) 58, 2003

HOBSBAWM, E., Das Zeitalter der Extreme, Hanser, München 1994

HÖLLINGER, S. & TITSCHER, ST. (Hrsg.), Die österreichische Universitätsreform, Wiener Universitätsverlag, Wien 2004

HORNBOSTEL, S., Die Hochschulen auf dem Weg in die Audit Society, in: E. Stölting & U. Schimank (Hrsg.): Die Krise der Universitäten, Leviathan, Sonderheft 20, Opladen 2001, S. 139–158

LUHMANN, N., Das Erziehungssystem der Gesellschaft, hrsg. von D. Lenzen, Suhrkamp, Frankfurt a. M. 2002

SCHUMPETER, J. A., Theorie der wirtschaftlichen Entwicklung, 9. Aufl., Duncker und Humblot, Berlin 1997 (zuerst 1911)

SCHUMPETER, J. A., Kapitalismus, Sozialismus und Demokratie, Francke, Tübingen/Basel, 7. Aufl., 1993 (zuerst 1939)

TITSCHER, ST. & HÖLLINGER, S. (Hrsg.), Hochschulreform in Europa – konkret, Leske & Budrich, Opladen 2003

Michael Holoubek

Verfassungs- und Verwaltungsreform

Die Ausgangslage

Nach Georg Friedrich Wilhelm Hegel hat jedes Volk die Verfassung, die ihm angemessen ist[30]. Österreich scheint geradezu der empirische Beweis dieser philosophischen These zu sein. Denn wir haben in Österreich eine typisch „österreichische" Verfassung, die geradezu die Inkarnation einer „österreichischen Lösung" darstellt: Sie ist in vielen Zügen Ergebnis von Kompromissen und Ausdruck eines gelebten Pragmatismus, der zur Problemlösung stärker auf Konsensfindung denn auf die Durchsetzung von Zielen und Interessen durch Entscheidung setzt. Gäbe es den verfassungsdogmatischen Begriff des „Interessenausgleichs" nicht, für die jahrzehntelange Realität des österreichischen Verfassungsvollzugs müsste man ihn erfinden.

Man kann diesen Befund, den ich hier zum Ausgang nehmen will, auch rechtstheoretisch formulieren: Die österreichische Verfassung liegt insofern im Zug der Zeit, als Lehre, Rechtsprechung und Verfassungspraxis bei Auslegung und Konkretisierung dieser Verfassung die geschriebenen Verfassungstexte heute in mehrfacher Hinsicht zum Aus-

---

30 Hegel, G. F. W., Grundlinien der Philosophie des Rechts – oder Naturrecht und Staatswissenschaft im Grundrisse, § 274.

gangspunkt weiterer Überlegungen und Begründungen und damit auch insbesondere Rechtsfindung nehmen, als dies die der „reinen Rechtslehre" verpflichteten Schöpfer der österreichischen Bundesverfassung für ein verfassungsrechtliches Regelsystem wohl gedacht hatten.

Wie sonst könnte erklärt werden, dass eine Verfassung, deren Texte in einer Loseblatt-Ausgabe mit ca. 3000 Seiten gesammelt werden müssen[31], als Grundlage eines an sich funktionierenden Gemeinwesens dienen kann, obwohl – davon kann getrost ausgegangen werden – 80 Prozent der verfassungsrechtlichen Regelungen nicht einmal von berufsmäßig als „Verfassungsrechtler" ausgewiesenen Personen gekannt werden. Der oft beschworene ruinenhafte Charakter unserer Bundesverfassung[32] begünstigt Not- und Behelfsbauten, die flexibel sein können und nicht immer allen ordentlichen Regeln der Bauordnung entsprechen müssen. Das Bruchstück- oder Ruinenhafte der Verfassung kann positiv formuliert als entwicklungs- und innovationsoffene Verfassung gekennzeichnet werden, die es ermöglicht, unter Verfassungstexten des Jahres 1920 Probleme und Aufgaben auch ein Jahrhundert später noch verfassungsdogmatisch sachadäquat zu bewältigen.

Und natürlich ist unsere Verfassung auch ein Beleg für den gut österreichischen Grundsatz, dass nichts so dauerhaft ist wie ein Kompromiss: Besteht jede Verfassung typischerweise wesentlich auch aus einem Grundrechtskatalog, so konnte ein solcher im Jahr 1920 nur im Kompromiss der Übernahme des Staatsgrundgesetzes über die allge-

---

31 Siehe den von Andrea Martin redigierten Band I „Texte" in: Korinek, K. & Holoubek, M., Österreichisches Bundesverfassungsrecht – Textsammlung und Kommentar, Wien 1999 ff.

32 Das Bild von der „Verfassungsruine" geht auf Klecatsky, H., Hat Österreich eine Verfassung?, JBl 1965, S. 544 zurück; gegen eine drängende Reformnotwendigkeit aus Gründen der „Ruinenhaftigkeit" unserer Verfassung zuletzt Wiederin, Über Ruinen und Verfassungen, Juridikum 2003, S. 192 ff.; auch Berka, W., Wandeln sich die Signaturen des Grundrechtsstaats?, Juridikum 2002, S. 82 ff. konstatiert: „Diese mangelnde äußere Geschlossenheit ist vielleicht auch nicht wirklich tragisch und es ist auch nicht so, dass der moderne Verfassungsgesetzgeber überhaupt davon Abstand genommen hätte, verfassungsrechtliche Markierungen zu setzen, die gegenwärtige politische Herausforderungen aufgreifen."

meinen Rechte der Staatsbürger von 1867, also eines konstitutionell-monarchischen Grundrechtskatalogs in die republikanisch-demokratische Verfassung des Bundes-Verfassungsgesetzes (B-VG) 1920 gefunden werden. Auch hier lässt sich der Befund freilich wiederum positiv formulieren: Diese Situation hat sicherlich die Entscheidung begünstigt, die Europäische Menschenrechtskonvention (EMRK) innerstaatlich als unmittelbar anwendbares Verfassungsrecht umzusetzen und sie insoweit zum Bestandteil auch des innerstaatlichen Grundrechtskatalogs zu machen. Das hat nicht nur die Rezeption der Konvention in Österreich wesentlich begünstigt, Österreich kann auf Grund seiner diesbezüglichen Erfahrungen für sich in Anspruch nehmen, auf dem Gebiet der EMRK im europäischen Raum eine führende Rolle einzunehmen, sowohl was Grundrechtspraxis, als auch was Grundrechtswissenschaft anlangt. Und die damit notwendig gewordene Kooperation zwischen den österreichischen Höchstgerichten, insbesondere dem Verfassungsgerichtshof (VfGH) und dem Obersten Gerichtshof (OGH), mit einem letztlich bei der Auslegung der Konvention „auf dem längeren Ast" sitzenden internationalen Gericht, dem Europäischen Gerichtshof für Menschenrechte (EGMR), hat Erfahrungen aufgebaut, welche die Höchstgerichte im System des europäischen Gemeinschaftsrechts zu einem von Anfang an weitgehend entspannten Verhältnis zum Europäischen Gerichtshof (EuGH) nutzen konnten.

Es gibt also so etwas wie einen unausgesprochenen Zustand allgemeiner Zufriedenheit mit dem durchaus wortreich beklagten schlechten Zustand der Verfassung: Einmal, weil man sie auf diese Weise nicht immer ganz ernst nehmen muss – „Verfassungsbrüche" sind keine Stigmata, sondern lässliche Sünden, Verirrungen im unübersichtlichen Verfassungsdschungel. Eine Verfassung, die – so das geflügelte Wort von Hans Klecatsky im Originalwortlaut – „innerlich und äußerlich ruinenhaften Charakter"[33] trägt, hat aber eben auch den Vorteil, dass sie jederzeit flexibel zu dem gerade benötigen Gebäude zusammengesetzt werden kann.

Die Klage über den schlechten Zustand der österreichischen Bundesverfassung ist aber auch insofern „typisch österreichisch", als hier eine große eigene Leistung wie in Österreich so oft heruntergespielt wird.

[33] Siehe oben in FN 32.

Die – inwieweit diese Zuschreibung jetzt in allen Einzelheiten zutreffend ist, mag hier dahingestellt sein – Kelsen'sche Verfassung des Bundes-Verfassungsgesetzes 1920 ist in ihrer Grundstruktur ein klares, auf einem einheitlichen System beruhendes Werk: die Verfassung als Zuständigkeitsregelung für die Begründung, die Ausübung und die Kontrolle politischer Macht, kurz: die Verfassung als Spielregel.

Das Problem liegt allerdings darin, dass in der Folge der Ansatz der Machtreglementierung durch Zuständigkeitszuordnung in vielen Fällen überspitzt wurde, insbesondere, indem eine inhaltlich als völlig gleichwertig angesehene Zuständigkeitszuschreibung für politische Veränderungen zum Verfassungs- oder zum einfachen Gesetzgeber dazu geführt hat, dass festgestellte Verfassungswidrigkeiten nicht – im Sinne der Beseitigung von Gerechtigkeitsproblemen – zum Ende der verfassungswidrigen Regelungen geführt haben, sondern lange Jahre nahezu selbstverständlich die Konsequenz nach sich gezogen haben, dass, sofern politisch erwünscht, derartige Regelungen eben als Verfassungsbestimmung erlassen werden müssen. Eine über Jahre und Jahrzehnte so geübte Praxis prägt aber nun einmal das allgemeine Verfassungsverständnis und die „Bedeutungszuschreibung" der Verfassung, die – in der Begrifflichkeit des Marketings gesprochen – „Anmutung" des Markenprodukts „Verfassung".

Das Problem

Eine Verfassung ist aber bei einem umfassenderen Verfassungsverständnis mehr als eine Zuständigkeitsordnung. Sie ist – viel schöner als der Schweizer Staatsrechtslehrer Werner Kägi kann man es einfach nicht sagen – die „normative Grundordnung" einer Gemeinschaft[34], die sich nicht zuletzt durch die identitätsstiftende Funktion dieser Grundordnung selbst als Gemeinschaft begreift. Die Europäische Union oder Deutschland unter dem Grundgesetz sind Paradebeispiele derartiger Gemeinschaften. Das Beispiel der Europäischen Union zeigt auch, dass es hier keineswegs immer nur um Nationalstaaten gehen muss.

34 Kägi, Die Verfassung als rechtliche Grundordnung des Staates, 1945.

Das ist natürlich ein idealisiertes Bild, das in der Realität nicht ausschließt, dass die normative Grundordnung erst innerhalb der Gemeinschaft durchgesetzt werden muss. Die Leistungsfähigkeit des Rechtssystems zeigt sich dann darin, dass die Effektuierung der normativen Grundordnung durch und mit den Mitteln des Rechts und damit insbesondere auch der Gerichte erfolgt.

Aus dem Vorstehenden ist eine erste und wesentliche Konsequenz zu ziehen: Eine Verfassungsreform braucht als Erfolgsbedingung zuvor und vordringlich einen – hier scheint der in diesem Zusammenhang von Theo Öhlinger ins Spiel gebrachte Begriff tatsächlich angebracht – „Paradigmenwechsel" im Verfassungsverständnis[35]. Das bedeutet nun nicht, dass eine Verfassungsreform nur gelingen kann, wenn zuvor bei allen relevanten Akteuren Einigkeit in der theoretischen Konzeption eines neuen Verfassungsbegriffs herrscht. Auf einer solchen Abstraktionsebene ist Einigkeit nicht zu erreichen, zumal wenn Wissenschafter und Wissenschafterinnen an einem solchen Projekt beteiligt sind.

Viel eher steht zu erwarten, dass sich ein neues Verfassungsverständnis erst allmählich und über die praktische Detailarbeit an einer Verfassungsreform entwickeln wird. Theoretisch ausformuliert wird ein solches Verständnis ohnedies erst später werden, wobei es sicher mehrere Spielarten geben wird. Für eine erfolgreiche Arbeit an einer Verfassungsreform dürfte es genügen, wenn einige Eckpunkte formulierbar sind, die den Verfassungsbegriff gegenüber dem oben beschriebenen bislang herrschenden Verfassungsverständnis weiterentwickeln und ergänzen. Auf einer solchen Basis könnte eine Verfassungsreform dann mit einem Ansatz arbeiten, der sich in anderem, wenn auch vergleichbarem Zusammenhang für derartige Prozesse bewährt hat, nämlich die konkrete Arbeit an einzelnen Verfassungsfragen so zu gestalten, als ob sie Teil einer Verfassung werden sollten, die auf einem derart weiterent-

[35] Siehe Öhlinger, Braucht Österreich eine neue Verfassung?, JRP 2003, S. 15 f.: „Pointiert formuliert: Österreich braucht weniger eine neue Verfassung als vielmehr ein neues Verfassungsverständnis." In diese Richtung hat bereits Funk, Wer schützt die Verfassung vor dem Verfassungsgesetzgeber?, JRP 1993, S. 91 ff. argumentiert.

wickelten und ergänzten Verfassungsbegriff aufbaut[36]. In diesem Sinne könnte von folgenden Eckpunkten ausgegangen werden:

- Eine Verfassung ist zunächst Funktions- und Zuständigkeitsordnung zur Reglementierung von Macht. Will sie in dieser Funktion heute gegenstandsadäquate Antworten geben, dann nicht nur zur Reglementierung politischer Macht – das natürlich und insbesondere –, sondern auch zur Reglementierung wirtschaftlicher oder publizistischer Macht, um zwei wesentliche Beispiele zu nennen. Gewaltenteilung als System von *„checks and balances"* muss heute umfassender gedacht werden als nur als Trennung der drei Staatsgewalten.
- Eine Verfassung ist auch „normative Grundordnung". Als solche muss sie Grundlinien festschreiben, die allerdings entwicklungs- und damit auch systemimmanent veränderungsoffen konzipiert sein müssen[37]. Es geht darum, Zielsetzungen und Kriterien für deren funktionsadäquate Ausgestaltung im Einzelfall innerhalb des damit verfassungsrechtlich vorgegebenen Rahmens zu finden und am Maßstab der Verfassung zu bewerten. Es geht darum zu vermeiden, dass für jede Veränderung in der Wirklichkeit eine Änderung oder Ergänzung dieser Grundordnung erforderlich wird, damit sie ihre Funktion auch gegenüber einer solchen veränderten Wirklichkeit erfüllen kann. Auf der anderen Seite ist natürlich fest-

[36] Das Vorbild ist der „Als ob"-Ansatz, den Roman Herzog als Vorsitzender des EU-Grundrechtskonvents mit Erfolg entwickelt hat, um die Arbeit an einem „Verfassungstext" letztlich möglich zu machen, auch wenn eine wesentliche Voraussetzung – ob es sich nämlich überhaupt um einen „Verfassungstext" handelt oder nicht – höchst unklar und strittig ist. Von allem Anfang an hat der EU-Grundrechtskonvent auf Initiative seines Vorsitzenden beschlossen, den Entwurf so auszuarbeiten, „als ob" er in die Europäischen Verträge eingefügt und somit primärrechtliche Verbindlichkeit erlangen würde, siehe Holoubek, Die liberalen Rechte der Grundrechtscharta im Vergleich zur Europäischen Menschenrechtskonvention, in: Duschanek & Griller (Hrsg.), Grundrechte für Europa – Die Europäische Union nach Nizza, 2002, S. 25 (37).

[37] Die in der kompetenzrechtlichen Dogmatik entwickelte Figur der „intrasystematischen Fortentwicklung" wäre ein wesentliches Instrument, um eine Verfassung in dieser Hinsicht funktionsfähig zu erhalten.

zuhalten, dass eine derartige Grundordnung in den erwähnten Zielsetzungen und Ausgestaltungskriterien feste und gerade auch in einer sich verändernden sozialen Wirklichkeit nicht oder zumindest nicht leicht verrückbare Linien vorgeben muss. Eine wesentliche Funktion einer solchen „normativen Grundordnung“ ist es ja gerade auch, dieses soziale Bewusstsein zu steuern und radikale Abweichungen in diesem sozialen Bewusstsein von demjenigen, auf dessen Basis die normative Grundordnung konzipiert worden ist, von Anbeginn an möglichst zu verhindern[38].

Was die „normative Grundordnung“ anlangt, bräuchte es daher tatsächlich ein „neues“, weil nicht ausschließlich mit dem Modell der „reinen Rechtslehre“ erfassbares Verfassungsverständnis. Die Verfassung als Zuständigkeitsordnung könnte demgegenüber im ursprünglichen Sinn durchaus weiterhin nach dem Modell der reinen Rechtslehre gedacht werden. Ein wesentliches Erfolgselement jeder Reform, also auch einer Verfassungsreform, ist wohl auch, Richtiges und Funktionstüchtiges zu erkennen und zu bewahren.

Die Funktion der Verfassung als „Spielregel“ und „Grundordnung“

Was sind nun die wesentlichen Funktionen dieser beiden Seiten der Verfassung, der Verfassung als Zuständigkeitsordnung („Spielregel“) und der Verfassung als normative Grundordnung?

Verfassung als Zuständigkeitsordnung

Hinsichtlich der Verfassung als Zuständigkeitsordnung ist das relativ klar, hier haben wir ja, wie gesagt, reiche Erfahrung. Verfassung als

[38] Die Rechtsgeschichte zeigt, dass wesentliche Gefahren für ein Rechtssystem nicht nur dann vorliegen, wenn es bewusst für gegenläufige Zwecke instrumentalisiert wird, sondern insbesondere von einer Entwicklung, in der auf breiterer Basis ein unbewusster, „schleichender“ „Wertewandel“ die tragende Konzeption, die „normative Grundordnung“ grundlegend umorientiert. Siehe dazu grundsätzlich Rüthers, Die unbegrenzte Auslegung, 1968 und nochmals pointiert *derselbe*, Wir denken die Rechtsbegriffe um … Weltanschauung als Auslegungsprinzip, 1987.

Zuständigkeitsordnung ist und bleibt eine zentrale und wichtige Funktion jeder Verfassung.

Diese Zuständigkeitsordnung muss zum einen die Ausübung staatlicher Macht, in einem weiten, funktionellen Sinn verstanden, entsprechend demokratisch und rechtsstaatlich begründen, begrenzen und kontrollieren. Hier ist es wichtig, bei einer ökonomischen Betrachtung des Rechts zwischen zwei Dingen zu unterscheiden: zwischen Transaktionskosten und verfassungsrechtlichen Kosten[39].

Bei Transaktionskosten im hier vorliegenden Zusammenhang geht es mir um Kosten, die durch widersprüchliche, unvollständige oder Streitigkeiten geradezu vorprogrammierende verfassungsrechtliche Regelungen ausgelöst werden. Die im B-VG derzeit nur rudimentär und den heutigen Anforderungen einfach nicht gegenstandsadäquat geregelten Fragen der Ausgliederung staatlicher Aufgabenerfüllung unter Beibehaltung staatlicher Verantwortung einschließlich der Organisation so genannter Regulierungsbehörden[40] ziehen solche Transaktionskosten nach sich. Das Spiel von *„trial and error"* zwischen Gesetzgeber und Verfassungsgericht[41], das dann letztlich in fugitive Verfassungsbestimmungen mündet, ist illustrativ genug. Um es pointiert zu formulieren: Statt darüber nachzudenken, wo zwischen den verfassungsrechtlich angeblich vorgegebenen ausschließlichen Kategorien der allumfassenden Ministerialverwaltung und der Einzelfallbeleihung nach dem Muster des Flurwächters die Grenze zu ziehen ist, wäre es weitaus problemangemessener, jene rechtsstaatlichen und demokratischen Sicherungsinstrumente herauszuarbeiten, bei deren Einhaltung die verfassungsrechtlich

---

39 Den Begriff der „verfassungsrechtlichen Kosten" hat, wenn auch in anderem Zusammenhang und mit anderer Zielsetzung Isensee, Diskussionsbeitrag zum Thema Privatisierung von Verwaltungsaufgaben, VVDStRL 54 (1995), S. 303 geprägt; siehe dazu auch Korinek, Staatsrechtliche Bedingungen und Grenzen der Ausgliederung und Beleihung, ÖZW 2000, S. 46 (47).

40 Dazu mit umfassendem Nachweis des Standes von Lehre und Judikatur Kucsko-Stadlmayer, Grenzen der Ausgliederung, Gutachten 15. ÖJT, I/1, 2003.

41 Illustrativ die Versuche, eine unabhängige Finanzmarktaufsicht zu errichten, vgl. dazu VfSlg 16.400/2001 und in der Folge VfGH 30.9.2002, B 891/02 u. a.

vorgegebenen Anforderungen an Rechtsstaatlichkeit und demokratische Legitimation von staatlicher Regulierung gewährleistet werden können. Gerade im Hinblick auf die Schutzfunktion der Verfassung wäre ein derartiger Zugang zur Verfassungsauslegung weitaus sachadäquater als das derzeitige „Alles oder nichts"-Prinzip, wo manchmal das einfache Gesetz nichts Sinnvolles und die verfassungsdurchbrechende Sonderverfassungsbestimmung weitgehend alles tun darf.

Eine rechtsstaatliche wie demokratische Zuständigkeits- und Funktionenordnung erzeugt aber, selbst wenn man den nie erreichbaren Idealfall einer völlig klaren Verfassungsregelung unterstellt, die keinerlei Auslegungsschwierigkeiten bereitet, immer auch hier so genannte „verfassungsrechtliche Kosten": Demokratie und Rechtsstaat haben ihren Preis. Individuelle Rechtsschutzverfahren vor Gerichten kosten Zeit und damit Geld; demokratische Partizipations- und damit auch Organisationsstrukturen oder demokratische Rückkoppelungsprozesse gehen ein gewisses Stück zu Lasten schlanker und effizienter Organisationsstrukturen für die Wahrnehmung bestimmter Aufgaben. Universitäten können hier ebenso beispielhaft genannt werden wie Regulierungsentscheidungen in sensiblen Märkten wie etwa dem Medienbereich[42]. Inwieweit eine Gesellschaft bereit ist, diese Kosten zu tragen, bestimmt zu einem guten Teil auch ihre „Verfassungsstaatlichkeit". Es ist Aufgabe der Verfassung, festzuschreiben, dass und in welchem Ausmaß solche Kosten zu tragen sind.

Verfassung als Grundordnung

In ihrer Funktion als normative Grundordnung muss die Verfassung mehrere Dinge tun. Sie muss, das hat schon Hans Kelsen immer wieder hervorgehoben[43], eine Minderheitenschutzfunktion erfüllen, indem bestimmte politische Veränderungen der einfachen politischen Mehrheit entzogen sind. Die große Herausforderung für eine Verfassungsreform

---

42 Insoweit ist meines Erachtens die Entscheidung des VfGH zur pluralistischen Besetzung der seinerzeitigen „Privatrundfunkbehörde" (VfSlg 15.886/2000) am Thema vorbeigegangen.

43 Siehe insbesondere Kelsen, Vom Wesen und Wert der Demokratie², 1929 (Neudruck 1973).

liegt hier darin, Aussagen in einer Verfassung zu verankern, die Grundlinien dafür festlegen, was in diesem Sinn für die einfache politische Mehrheit veränderungsfest sein und was in ihrem genuinen Gestaltungsspielraum liegen soll.

Dabei liegt es nahe, etwas präziser als nur über den allgemeinen Gleichheitsgrundsatz und damit ohne jeglichen textlichen Anhaltspunkt Fragestellungen wie Veränderungen im System der sozialen Sicherheit anzusprechen. Das löst natürlich das individuelle Problem im Einzelfall nicht. Ob beispielsweise eine bestimmte ÖBB-Reform im Dienstrechtsbereich verfassungswidrig oder verfassungskonform ist[44], wird sich nie eindeutig aus einer Verfassung ableiten lassen. Es erscheint aber sinnvoll, der Entscheidung des Verfassungsgerichts mehr als gar keine expliziten Leitlinien in der Verfassung für die Entscheidung dieser Frage vorzugeben. Allein die Antwort auf die Frage, ob privatrechtliche Vereinbarungen mit öffentlichen respektive öffentlich finanzierten Einrichtungen denselben oder anderen Veränderungsmöglichkeiten durch den Gesetzgeber unterliegen wie gesetzlich begründete öffentlich-rechtliche Rechtsverhältnisse, würde schon ein gutes Stück mehr an Rationalität in die derzeit laufende Debatte bringen. Im Moment lassen sich nämlich für beide Standpunkte durchaus gute Argumente finden.

Die Verfassung als Grundordnung des Staates muss also Festlegungen treffen, was dem Gemeinwesen wichtig ist. Hier müsste zumindest eine Aussage dazu erfolgen, ob und welche Funktion dem Staat für welche Bereiche der so genannten „Daseinsvorsorge" zukommen soll. Hier müsste ebenso eine Aussage dazu erfolgen, welche Verantwortung der Staat im Kulturbereich übernimmt; welche Verantwortung der Staat im Bereich öffentlicher Kommunikation, insbesondere für den Bereich der Massenmedien übernimmt. Das erfordert eine klare Festlegung, dass der Gesetzgeber und in der Folge die Vollziehung für die Begrenzung gesellschaftlicher oder publizistischer Macht zuständig sind. Für die Konkretisierung dieser Begrenzungsaufgabe müssen Gesetzgeber und Vollziehung aber gewisse Leitlinien in der Verfassungsordnung vorfinden. Anders als die Begrenzung staatlicher Macht lässt sich die Begrenzung gesellschaftlicher Macht nicht durch reine Zuständigkeitsordnun-

44 VfSlg 14.075/1995 und VfGH 1.12.2003, G 298/02 u. a.

gen lösen. Hier geht es um die materielle Begründung für das Einwirken staatlicher Macht in den gesellschaftlichen Bereich. Gerade dafür bedarf es eben einer normativen Grundordnung.

Der zuletzt angesprochene Aspekt zeigt auch, dass beide Funktionen der Verfassung – Zuständigkeitsordnung und Grundordnung – natürlich keineswegs beziehungslos und isoliert nebeneinander stehen, sondern vielfach ineinander greifen und zusammenwirken müssen, um ihre jeweiligen Funktionen auch angemessen erfüllen zu können.

Optionen einer Verfassungsreform

Der Österreich-Konvent hat von seinem Gründungskomitee die Aufgabenstellung zugewiesen bekommen, eine Verfassungsreform ohne Veränderung der Baugesetze durchzuführen[45]. Im Wortlaut:

„Der Konvent zur Staatsreform hat die Aufgaben, Vorschläge für eine grundlegende Staats- und Verfassungsreform auszuarbeiten, die auch Voraussetzungen für eine effizientere Verwaltung schaffen soll. Die künftige Verfassung soll eine zukunftsorientierte, kostengünstige, transparente und bürgernahe Erfüllung der Staatsaufgaben ermöglichen. Dabei sollen insbesondere folgende Bereiche beraten werden:

- Eine umfassende Analyse der Staatsaufgaben.
- Die Kompetenzverteilung mit dem Ziel, einen klaren, nach Aufgabenbereichen gegliederten Kompetenzkatalog zu schaffen.

[45] Zum Österreich-Konvent vgl. etwa die Beiträge in Forum Parlament 2/2003; Eberhard, Der „Österreich-Konvent“: Was kann er leisten?, JRP 2003, S. 123 ff.; Lachmayer, Das Konventsmodell – Organisationsrecht zwischen Pragmatismus und Transparenz, Juridikum 2003, S. 68 ff.; Funk, Der Österreich-Konvent in der Halbzeit – Über Bedingungen der Möglichkeit der Reform der Bundesverfassung, dargestellt anhand der Grundrechte, JRP 2004, S. 1 ff.; Fiedler, Der Österreich-Konvent – Eine Zwischenbilanz, Forum Parlament 1/2004, S. 25 ff.; Noll, „Rechtsschutz neu“ im Österreich-Konvent? Provisorische Marginalien zum Bericht des Ausschusses IX, 2004. Wissenschaftlich aufbereitet wurde der Boden für einen Verfassungskonvent in Österreich durch ein Symposion des Journals für Rechtspolitik im Jahr 2002, siehe dazu die Beiträge von Öhlinger, Noll, Biaggini, Dossi, Raschauer, Titscher und Neisser in JRP 2003, S. 1 ff.

- Das Verhältnis zwischen Gesetzgebung und Vollziehung unter dem Gesichtspunkt des Legalitätsprinzips.
- Die Struktur der staatlichen Institutionen, insbesondere unter dem Gesichtspunkt des effizienten Mitteleinsatzes, der Bürgernähe sowie der Entwicklung des E-Government.
- Die Grundzüge der Finanzverfassung, insbesondere unter dem Gesichtspunkt der Zusammenführung von Einnahmen- und Ausgabenverantwortung und des bedarfsgerechten Finanzausgleiches.
- Die Einrichtung einer effizienten Kontrolle auf Bundes- und Landesebene und die Gestaltung des Rechtsschutzes unter dem Gesichtspunkt rascher und bürgernaher Entscheidungen.

Der Konvent soll zuletzt auch Textvorschläge für einen straffen Verfassungstext ausarbeiten. Ziel des Konvents ist es somit, einen neuen Verfassungstext zu schaffen, der in knapper, aber umfassender Form sämtliche Verfassungsbestimmungen enthält. Die Baugesetze der österreichischen Bundesverfassung (also das demokratische Prinzip, das bundesstaatliche Prinzip, das rechtsstaatliche Prinzip und die republikanische Staatsform) bleiben aufrecht."

Dieser Auftrag ist gewiss ein tauglicher Ausgangspunkt. Er ist freilich – wie jede gut formulierte Bestimmung auch und gerade in einer Verfassung – kurz und unklar, daher auslegungsbedürftig. Der Auftrag, den der Österreich-Konvent erhalten hat, eröffnet Chancen für zumindest zwei Optionen:

- Der Österreich-Konvent könnte die sich eröffnende Chance nutzen und eine tatsächlich umfassende Verfassungsreform zur identitätsstiftenden Neupositionierung Österreichs bewerkstelligen. Eine derartige Verfassungsreform muss sich – neben allen anderen Dingen – auch zum Ziel setzen, eine – ich verwende jetzt bewusst Termini aus dem Management von Veränderungsprozessen – Vision und eine Mission zu entwickeln, welche die Bürgerinnen und Bürger, für die diese Verfassung gelten soll – und hier spreche ich bewusst nicht nur von Österreicherinnen und Österreichern – unter dem Dach dieser neuen Verfassung vereinen soll.
- Die zweite grundsätzliche Variante ist der viel bescheidenere, damit auch wahrscheinlich viel realistischere Ansatz einer – wie es

im Zuge der Revision der Schweizer Bundesverfassung genannt wurde[46] – „Nachführung" der Bundesverfassung im Sinne einer Neukodifikation und punktuellen Weiterentwicklung.

Verfassungsreform als identitätsstiftende Neupositionierung Österreichs als innovationsoffener europäischer Teilstaat mit spezifisch sozial- und kulturstaatlichem Profil

Eine umfassende Verfassungsreform, die Österreich tatsächlich eine „normative Grundordnung" gibt, braucht ein visionäres Programm. Sie muss ein Ziel vor Augen haben, wohin sich dieses Österreich in den nächsten Jahren und Jahrzehnten entwickeln soll (was immer auch einschließt, wohin es sich nicht entwickeln soll), und wofür dieses Österreich, wie immer sich sein Umfeld im Außenverhältnis und sein Zustand im Innenverhältnis entwickeln, stehen soll. Das setzt ein Hinterfragen der Zielsetzungen und Funktionsbedingungen der einzelnen Baugesetze voraus. Bundesstaat, Republik, Demokratie, Rechtsstaat, Gewaltenteilung und liberales Prinzip sind darauf zu befragen, welche Antworten sie auf die Herausforderungen der Zukunft geben sollen. Daraus müssten Vorgaben für eine funktionsadäquate Umsetzung dieser Grundprinzipien im „einfachen" Verfassungsrecht folgen.

Zielsetzung einer solchen Verfassungsreform wäre also die Ausgestaltung einer normativen Grundordnung und die Errichtung einer gegenstandsadäquaten Funktionsordnung in einer neuen Verfassung Österreichs. Ein solches Vorhaben erfordert im geistigen Bereich revolutionäre Kraft.

Einige Beispiele dafür, was hier mit dem Bild von der Konkretisierung der Funktionsbedingungen der Baugesetze der österreichischen Bundesverfassung gemeint ist:

---

[46] Siehe dazu Biaggini, Erfahrungen mit Projekten der Verfassungsrevision: Die Totalrevision der Schweizerischen Bundesverfassung, JRP 2003, S. 29 ff. (31): Mit Nachführung ist im Anschluss an Eichenberger, NZZ vom 12.5. 1986 eine Verfassungsreform gemeint, die sich auf das „politische Machbare" beschränkt und sich darauf konzentriert, die Bundesverfassung „in Ordnung zu bringen, ihre Mängelliste abzubauen und sie gegenwartsnah zu formen, sie also nachzuführen und aufzubereiten" (zitiert nach Biaggini, a. a. O).

- Funktionsbedingungen von Demokratie heute: Sind Volksbegehren organisiert durch die parlamentarische Mehrheit sinnvoll? Welche Möglichkeiten bietet der Einsatz moderner Kommunikationsmittel zur Beteiligung der Bürgerinnen und Bürger an Entscheidungsprozessen, wobei diese Beteiligung nicht zwingend als Abstimmungsverfahren im Sinne einer Volksabstimmung verstanden werden muss? Es gibt wohl unterschiedliche Organisationsmöglichkeiten derartiger Verfahren, in denen die Beteiligung auch je nach „Betroffenheitsdichte" abgestuft und damit in ihrer jeweiligen Bedeutung auch angemessen gewertet werden kann. Insoweit könnten derartige Mechanismen auch die Selbstorganisation der Bürgerinnen und Bürger unterstützen und damit verhindern helfen, dass direkt-demokratische Prozesse instrumentalisiert werden. Das erhöht dann nicht nur die Legitimität und den Informationsstand der Entscheidungsträger, sondern vor allem auch das „Verantwortungsgefühl" der Betroffenen. Es geht kurz gesagt um die Umsetzung des Schlagwortes, aus Betroffenen Beteiligte zu machen.
- Eine Verfassung als Grundordnung muss sagen, wofür der Staat Verantwortung tragen soll. Das setzt voraus, sich darüber bewusst zu sein, dass vorgeblich budgetäre Zwänge in der Tiefenstruktur immer Zwänge sind, die aus bestimmten Verteilungsentscheidungen resultieren. Extremkonstellationen einmal außer Acht gelassen, geht es auch bei sehr kostenintensiven Fragestellungen so gut wie nie darum, dass die Mittel für bestimmte staatliche Aufgaben als solche knapp sind, sondern darum, dass die Mittel zu Gunsten anderer Aufgaben schon verteilt sind. Die Festschreibung staatlicher Verantwortungsbereiche muss daher auch klar sehen, dass damit politische Verteilungsentscheidungen determiniert werden.
- Adäquate Erfassung der Staatsfunktion Regierung: Geht man von der Tatsache aus, dass heute wesentliche Rechtssetzungs- und damit politische Gestaltungsentscheidungen auf europäischer Ebene durch die Minister im Rat getroffen werden, dann liegt eine wesentliche Herausforderung einer funktionserhaltenden Konkretisierung des demokratischen Prinzips der Bundesverfassung darin, diese Entscheidungsprozesse bei Erhalt politischer Handlungsspielräume in einen demokratischen Prozess zu integrieren.

In diesem Zusammenhang geht es auch um eine Bewusstseinsbildung dafür, dass politische Entscheidungsprozesse auf europäischer Ebene mittlerweile zumindest so wichtig sind wie die im eigenen Hohen Haus. Der derzeit zu beobachtenden Tendenz, in einer dem Österreicher eigenen „Nabelschau" innenpolitische Fragestellungen hochzuspielen und oft gleichzeitig ablaufende weit reichende Entwicklungen insbesondere auf europäischer Ebene kaum zur Kenntnis zu nehmen, müsste durch eine Verfassung bewusst entgegengewirkt werden. Es ist bezeichnend, dass die grundlegende Verfassungsreform auf europäischer Ebene und die Annahme des Verfassungsvertrags durch die Staats- und Regierungschefs im Europäischen Rat in Österreich ungefähr denselben Aufmerksamkeitsgrad erhalten haben wie die Fragestellung, ob zukünftig die KommAustria die Einhaltung der Werbezeitregelungen auch durch den ORF überwachen soll oder nicht.

- Ein Kernstück einer neuen Verfassung müsste ein neuer Grundrechtskatalog sein, der sowohl liberale Individualrechte festschreibt als auch als Ergänzung des liberalen Grundrechtskatalogs insbesondere in seiner Gewährleistungsfunktion adäquat formulierte soziale Grundrechte enthält.

Wesentlich ist dabei, dass ein visionärer Grundrechtskatalog liberale und soziale Grundrechte gleich behandeln muss. Soziale Grundrechte im engeren Sinn[47] unterscheiden sich strukturell nicht grundlegend von liberalen Grundrechten. Wie das Recht auf Eigentum keinen Anspruch gegenüber dem Staat vermittelt, mir ein Grundstück zu verschaffen, vermittelt mir das Recht auf Arbeit keinen Anspruch darauf, vom Staat den Arbeitsplatz zugewiesen zu bekommen. Wie das Eigentumsgrundrecht nur Anforderungen an die insbesondere gesetzliche Ausgestaltung der Eigentumsordnung stellt und eine solche voraussetzt, setzt ein Recht auf Arbeit einen gesetzlich geregelten Arbeitsmarkt voraus und legt

[47] Gemeint sind so genannte Grundrechte der zweiten Generation, also individuelle soziale Grundrechte in Abgrenzung zu Rechten der dritten Generation, die kollektive Interessen zu ihren Schutzgütern machen, siehe dazu nur Nowak, Einführung in das internationale Menschenrechtssystem, 2002, S. 35.

Anforderungen an die Ausgestaltung der gesetzgeberischen Ordnung des Arbeitsmarkts fest. Daher enthält etwa Art. 31 der Europäischen Grundrechtscharta auch kein allgemeines Recht auf Arbeit, sondern ein Recht auf Zugang zu einem unentgeltlichen Arbeitsvermittlungsdienst, ein Recht auf gerechte und angemessene Arbeitsbedingungen, darin eingeschlossen etwa das Recht auf eine Begrenzung der Höchstarbeitszeit, auf tägliche und wöchentliche Ruhezeiten sowie auf bezahlten Jahresurlaub etc., um nur ein paar Beispiele zu nennen.

Daher: Es geht auch nicht um ein „Recht auf Gesundheit" – und es macht wahrscheinlich Sinn, ein solches soziales Grundrecht auch nicht so zu formulieren. Das sind natürlich in Wahrheit zynische Formulierungen, wenn sie etwa den Eltern eines krebskranken Kindes vor Augen gehalten werden. Sie verlieren aber ihren Zynismus sofort und entfalten eine echte grundrechtsichernde Funktion, wenn sie als Zugangsrechte zu einer Gesundheitsvorsorge und damit der Sache nach als spezieller Gleichheitssatz formuliert werden, der für eine wie im Einzelnen auch immer geartete medizinische Grundversorgung eine Zweiklassenmedizin ausschließt und eine dementsprechende Ausgestaltung der krankenanstaltenrechtlichen Regelungen erfordert.

Visionäre Kraft wird daher nur von einem Grundrechtskatalog ausgehen, der sowohl liberale wie soziale Grundrechte integriert. Ein in diesem Sinn visionärer Grundrechtskatalog kann freilich außerordentlich identitätsstiftend und auch in hohem Maß solidarisierend wirken. Gerade über einen Grundrechtskatalog kann die so wichtige Konsensfunktion der Verfassung greifen. Ein Grundrechtskatalog, der solches leistet, wäre gerade in einem Gemeinwesen, das gerne durch den Übergang von der Konsens- zur Konfliktdemokratie beschrieben wird, etwas sehr Wesentliches. Er könnte konfliktbegrenzende und konfliktregulierende Wirkung entfalten und damit Eskalationen vermeiden helfen.

Man könnte in diesem Zusammenhang im Übrigen auch daran denken, den mit der EMRK eingeschlagenen österreichischen Weg bewusst fortzusetzen und die Europäische Grundrechtscharta als Teil des österreichischen Verfassungsrechts und damit des österreichischen Grundrechtskatalogs zu übernehmen. Man muss einen solchen Weg nicht zwangsläufig als „Kompromisslösung" sehen, weil man sich auf Eigenständiges nicht einigen konnte. Man kann diesen Weg auch als bewusste Entscheidung für eine Öffnung und Integration eines wesentlichen Kernstücks der europäischen Verfassung gehen und damit für Österreich als „Europa-offener“ Staat ein bewusstes Programm entwickeln, das gerade im Grundrechtsbereich eine führende Rolle Österreichs bei der Verwirklichung der europäischen Verfassung beansprucht.

- Hinsichtlich der Verwaltungsorganisation könnte ein neuer Weg dergestalt beschritten werden, in der Verfassung nicht die Verwaltungsorganisation im Detail zu regeln, sondern die Grundstrukturen und Funktionen festzuschreiben und Organisations- sowie Verfahrensgrundsätze insbesondere auch für Verwaltungseinheiten mit jeweils spezifischem Auftrag festzulegen. In diesem Zusammenhang könnte sich die Verfassung darauf beschränken, Typen von Organisationseinheiten in der Verwaltung vorzugeben und bloß die obersten Verwaltungsorgane auch verfassungsrechtlich zu verankern. Eine solche Typenbildung könnte etwa in oberste Verwaltungsorgane, unabhängige Regulierungsbehörden, spezialisierte Einheiten zur Verwaltungsführung und allgemein zuständige erstinstanzliche Verwaltungs- und Dienstleistungszentren gliedern. Dass zu einer Neuorganisation der Verwaltung auch die Etablierung einer echten Verwaltungsgerichtsbarkeit gehört, ist mittlerweile eine in der verfassungspolitischen Diskussion, soweit zu sehen, unbestrittene Selbstverständlichkeit.
- Reform der bundesstaatlichen Kompetenzverteilung: Hier steht sicherlich eine Neuorientierung des Verhältnisses von Aufgaben- und Ausgabenverantwortung im Mittelpunkt. Beides gilt es zu koppeln, allerdings bei Wahrung einer Gesamtverantwortung des Bundes. Grundsätzlich sollte hinterfragt werden, wo auf genereller Ebene dezentrale Regelungszuständigkeiten sinnvoll sind – bei überwiegend europarechtlicher Determinierung macht eine Aufteilung auf zehn Umsetzungsautoritäten jedenfalls keinen Sinn. Ein sinnvolles Verhältnis von Bürgernähe durch dezentrale Verwaltungsorganisation und einheitliche generelle Marktregulierung durch zentrale Instanzen scheint mir ein sinnvolles Bild zu sein.

Ein solches visionäres Verfassungsreformprojekt setzt einen erheblichen Mut zum Risiko voraus. Ein „revolutionärer“ Entwurf wird immer viele Unwägbarkeiten, Unvollkommenheiten und Fehler aufweisen. Und vor allem: Die politisch handelnden Akteure können sich nie sicher sein, was, wie und vor allem zu wessen Gunsten sich etwas daraus entwickeln wird. Genau darin liegt aber wenn, dann die Chance eines solchen Projekts. Wenn die Regelungen entsprechend allgemein und entwicklungsoffen formuliert sind, dann besteht vielleicht tatsächlich der Funken einer Chance, dass alle Beteiligten den Sprung ins kalte Wasser wagen.

Letztlich kommt es hier viel mehr darauf an, eine solche neue Verfassung im ständigen Prozess dann gut zu leben (das gilt für die Verfassungspraxis, für die Verfassungsvollziehung insbesondere durch die Höchstgerichte und die Rechtswissenschaft gleichermaßen), als dass es Zielsetzung sein müsste, vorher alles perfekt zu planen. Insoweit könnten durchaus Anleihen bei der bewährten österreichischen Verfassungstradition genommen werden.

„Nachführung" der Bundesverfassung: Neukodifikation und punktuelle Weiterentwicklung

Auch ein derartiges, nur auf den ersten Blick „bescheidenes" Reformvorhaben ist noch Aufgabe genug. An erster Stelle steht hier das Desiderat einer Konsolidierung und Neukodifikation. Beides sind unabdingbare Voraussetzungen, um insbesondere das Übergangsproblem von einer alten in eine neue Verfassung adäquat überhaupt lösen zu können.

Punktuelle Neuorientierungen und Weiterentwicklungen sind in einer Reihe von Bereichen denkbar und durchaus auch im Bereich des Realistischen. Die Einrichtung einer Verwaltungsgerichtsbarkeit, verfassungsrechtliche Grundlagen für unabhängige Regulierungsbehörden, eine Teilreform der Verwaltungsorganisation als Voraussetzung für eine umfassendere Verwaltungsreform auf einfach gesetzlicher Ebene, das alles sind Beispiele dafür. Auch ein neuer Grundrechtskatalog scheint bei einigermaßen gutem Willen aller Beteiligten im Bereich des Möglichen zu sein.

Was die Reform der Verwaltungsorganisation und der Verwaltungsaufgaben anlangt, so wären insbesondere klare Festlegungen von Verantwortungsbereichen und damit Aufgabenzuweisungen schon auf verfassungsrechtlicher Ebene sinnvoll. Dies könnte nämlich für eine umfassendere Verwaltungsreform in einigen Bereichen die Frage vorentscheiden, welche Zielsetzung eine solche Verwaltungsreform verfolgen muss: Geht es um Einsparungen oder um Effizienzsteigerung? Wo von Verfassungswegen bestimmte Verwaltungsaufgaben zu erfüllen sind und damit bloß Effizienzsteigerung in Rede stehen kann, muss bei einer Reform die Produktivitätssteigerung für den geleisteten Kosteneinsatz im Mittelpunkt stehen. Das kann in als notwendig erkannten Bereichen auch zu einer Ausweitung von Verwaltung führen – die Reduktion von Personalkosten allein ist für sich kein Ausweis einer Effizienzsteigerung.

Ausblick

Eine verfassungsrechtliche Neuordnung entsteht typischerweise nur in spezifischen Drucksituationen. Diese können aus äußerem Veränderungsdruck (Revolution, Krieg, Umbruch etc.), aber auch aus innerem Veränderungsdruck resultieren. Beispiel für einen solchen inneren Veränderungsdruck ist etwa ein „Leiden" an der bestehenden Verfassung, das eine Intensität annimmt, die eine Verfassungsreform zur Identitätsstiftung erforderlich macht, wenn das entsprechende Gemeinwesen nicht Gefahr laufen will, seine Identität zu verlieren. Die europäische Verfassungsreform, der Grundrechts- und der Verfassungskonvent auf europäischer Ebene sind Beispiele dafür.

Ohne einen derartigen Druck braucht eine Verfassungsrevision aus verfassungspolitischer Rationalität und Vernunft erfahrungsgemäß viel Zeit. Die Schweizer Totalrevision der Bundesverfassung hat letztlich 35 Jahre, davon 13 Jahre in einer Intensivphase gedauert.

Der Österreich-Konvent ist auf knapp zwei Jahre angelegt. Äußerer Veränderungsdruck wird hoffentlich nicht eintreten. Das allgemeine „Leiden" an der Verfassung hält sich, allen Beteuerungen zum Trotz, wahrscheinlich in Grenzen[48].

Will der Österreich-Konvent in absehbarer Zeit Erfolg haben, muss er wohl selbst Druck erzeugen. Künstliche Verknappung der Zeit – kom-

[48] Siehe dazu bereits oben „Die Ausgangslage".

plexe Prozesse über die Zeitachse trivialisieren[49] – ist eine notwendige, aber keine hinreichende Bedingung. Es braucht hier Persönlichkeiten, die in der Lage sind, ein Bild, eine Vision zu vermitteln, welche die Beteiligten am Reformprozess „mitzieht“. Druck kann auch durch Sogwirkung entstehen.

Eine gute Verfassung kann wesentlich mitentscheiden, ob Österreich 2010 in guter Verfassung sein wird. Das Interesse der in Verantwortung für den derzeit laufenden Prozess Handelnden an einer Gestaltung der Zukunft wird sich daher auch daran ablesen lassen, ob und inwieweit politische Gestaltungsmöglichkeit oder temporäre Machtfragen den Prozess bestimmen werden.

49 Stefan Titscher, Die Gründe, die gegen eine Verfassungsrevision sprechen, machen sie sinnvoll, JRP 2003, Seite 47 ff. (49).

Ernst Theimer

Stadtmanagement in Zeiten der Veränderung

Verwaltungsmodernisierung in Wien

Karl Kraus hat einmal einen berühmt gewordenen Forderungskatalog an die Verwaltung einer Stadt formuliert: „Ich verlange von einer Stadt, in der ich leben soll: Asphalt, Straßenspülung, Haustorschlüssel, Luftheizung, Warmwasserleitung. Gemütlich bin ich selbst.“

Misst man das Wien von heute an diesem Imperativ, wird auch der kritischste Geist zugeben müssen, dass die technisch-infrastrukturellen Leistungen, die hier eingefordert werden – selbstverständlich auf dem Standard unserer Zeit – in durchaus ordentlicher Weise erbracht werden. Die Stadt funktioniert. Und das ohne viel Aufhebens: Dass einwandfreies Trinkwasser auch während der größten Hitzewelle ausreichend zur Verfügung steht, dass die Kanalisation keinen Anlass zur Klage gibt, der Müll einer Millionenstadt rasch und umweltverträglich entsorgt wird, der Zustand der Straßen in Ordnung ist, Feuerwehr und Rettung rasch zur Stelle sind, wenn sie gebraucht werden, Spitäler und Ambulanzen Spitzenmedizin für jedermann bieten – all das und vieles mehr wird als so selbstverständlich hingenommen, dass kaum jemand außerhalb der Verwaltung einen Gedanken daran verschwendet.

Ich meine das gar nicht kritisch. Dass an den Stammtischen Wiens heftiger über das Fernsehprogramm oder den Fußballteamchef debattiert wird als über das Funktionieren der Müllabfuhr oder der Straßenreinigung, dass etwa im letzten Gemeinderatswahlkampf die Qualität der Verwaltung überhaupt kein Thema war, halte ich eigentlich für ein großartiges (wenn auch natürlich indirektes) Kompliment an das Management und die MitarbeiterInnen der Stadt.

Tatsächlich bietet Wien seinen Bewohnern nämlich objektiv eine Lebensqualität, die ihresgleichen sucht. Es wäre natürlich absurd, dies ausschließlich als Verdienst der Stadtverwaltung zu reklamieren: Wien ist eine wohlhabende, vitale Stadt mit einer bedeutenden kulturellen Tradition und einer wundervollen natürlichen Umwelt, die es als Glücksfall zu bewahren gilt.

Der Wandel von Ökonomie und Gesellschaft, von Kultur und Technik, von sozialen Verhältnissen und Mentalitäten bestimmte durch die Jahrhunderte die Entwicklung der Metropole, in deren heutigem Bild sich aristokratisches Repräsentationsbedürfnis ebenso manifestiert wie bürgerlicher Wohlstand oder der Prozess sozialer Emanzipation. Aber auch das nicht Sichtbare wirkt weiter. Diese Stadt ist, wie alle bedeutenden Städte, nicht nur ein materieller, sondern auch ein geistiger Ort, eine, um ein Wort Thomas Manns zu verwenden, „geistige Lebensform", die nicht zuletzt Wiens unverwechselbare Identität bestimmt.

Die Verwaltung einer solchen Stadt trägt eine besondere Verantwortung für die Sicherung ihrer Lebensgrundlagen, und sie wird dieser insgesamt auch gerecht. Der Schriftsteller Robert Musil hat in seinem „Mann ohne Eigenschaften" gemeint, das alte Österreich sei von „der besten Bürokratie Europas" verwaltet worden. Ich weiß nicht, ob das damals so genau gestimmt hat und ob es heute so pauschal zuträfe. Tatsache ist, dass Wien in zahlreichen internationalen Rankings im Spitzenfeld liegt und dass die hohe Qualität und Professionalität der Verwaltung von renommierten internationalen *Consultants* ebenso bestätigt wird wie von angesehenen und über den Verdacht der Hofberichterstattung erhabenen ausländischen Medien wie der *Frankfurter Allgemeinen* oder der *Neuen Zürcher Zeitung*.

Wechselnde Rahmenbedingungen

Ich bin allerdings überzeugt davon, dass wir uns sehr anstrengen werden müssen, um das jedenfalls erreichte hohe Niveau in einem sich ständig verändernden Umfeld zu behaupten. Eine der Voraussetzungen dafür ist die kritische Analyse und Auseinandersetzung mit den Rahmenbedingungen und mit den Anforderungen, mit denen wir konfrontiert sind. Dass sie den öffentlichen Sektor zur Veränderung, zur Reform, zur Modernisierung, zur Weiterentwicklung – wie immer man es nennen will – zwingen, darüber kann es, wenn man die Welt rundherum mit wachen Augen betrachtet, im Grundsatz eigentlich keine ernsthafte Debatte geben.

Wechselnde Umstände und daraus resultierende Erfordernisse der Verwaltungsreform sind an sich kein exklusives Phänomen unserer Zeit. Die öffentlichen Verwaltungen mussten sich solchen Herausforderungen auch in früheren Epochen stellen. Neu ist allerdings heute in vielen Bereichen die Dynamik der Veränderungen. Wir erleben einen ungemein schnellen und tief gehenden Wandel der ökonomischen, technischen, politischen und gesellschaftlichen Rahmenbedingungen. Globalisierung, europäische Integration, Liberalisierung von Märkten, Wettbewerb in bisher geschützten Sektoren, eine dynamische Gesellschaft, neue Informationstechnologien, sinkende Produktdauer – um nur ein paar Parameter zu nennen – zwingen auch die öffentlichen Verwaltungen, ihr Selbstverständnis, ihre Aufgaben und ihre Strukturen in immer kürzeren Zeiträumen zu hinterfragen und neu zu positionieren.

Es ist meine feste Überzeugung, dass es kein ewig gültiges Patentrezept für die optimale Verwaltung gibt. Verwaltungsmodernisierung und Verwaltungsreform beschreiben in diesem Kontext deshalb keine einmalige, innerhalb eines zeitlich definierten Rahmens zum Abschluss zu bringende Aktion, sondern einen permanenten Prozess, eine ständige Herausforderung. Zeitlich, finanziell und organisatorisch zu planen sind die jeweiligen konkreten Schritte dieses Prozesses, den Hintergrund muss aber die Einsicht bilden, dass am Ende des Tages nicht Stillstand eintreten wird. Es wäre höchst naiv, unter Verwaltungsreform einen einmaligen Paukenschlag zu verstehen, mit dem von einem Tag auf den anderen alles anders (und natürlich noch viel besser) wird. Danach wären dann wohl eine ehrfurchtsvolle Pause und zufriedenes Zurücklehnen angesagt.

So findet das nicht statt. Verwaltungsreform muss vielmehr ein permanenter Optimierungsprozess zur Anpassung von Organisations-, Entscheidungs- und Verfahrensstrukturen an sich verändernde Rahmenbedingungen und neue Entwicklungen sein, ein wiederholtes kritisches Hinterfragen der Effizienz und Sinnhaftigkeit unserer Arbeit, ein Eingehen auf neue Werthaltungen und Ansprüche. Zugleich aber gilt es, jene Kontinuität und Stabilität zu wahren, die unsere Kunden erwarten und die Wirtschaft und Gesellschaft brauchen.

Die rasche Veränderung der Rahmenbedingungen stellt gerade auch die historisch gewachsenen europäischen Metropolen vor besondere Herausforderungen. Die Globalisierung der Wirtschaft und die elektronischen Informationstechnologien haben die Bedeutung von Grenzen und Entfernungen dramatisch relativiert. Der Fortschritt der Telekommunikations- und Informationstechnologien hat zu einer globalen Dezentralisierung der Produktion geführt. Die klassischen Konturen des Nationalstaats sind durchlässiger geworden. Europa wächst – allen gelegentlichen Rückschlägen zum Trotz – zusammen. Mit dem Beitritt zur Europäischen Union haben sich die Spielregeln verändert. Wir müssen zur Kenntnis nehmen, dass es geänderte Kriterien für die öffentlichen Haushalte gibt, dass Liberalisierung in bisher geschützten Märkten stattfindet. Die gemeinsame Währung ist für die meisten Menschen in der Europäischen Union bereits selbstverständliche Realität geworden. Die Weichen für die Erweiterung der Union sind gestellt.

Wien ist in diesem dynamischen Umfeld weniger denn je eine Insel. Die Stadt befindet sich im geopolitischen Zentrum einer der großen europäischen Kulturlandschaften, die derzeit einen Veränderungsprozess von historischer Dimension erlebt. Der „Eiserne Vorhang“ mitten durch Europa ist Geschichte, die Länder Mittel- und Osteuropas sind seit 2004 Mitglieder der Europäischen Union. Der Prozess der europäischen Integration war und bleibt schwierig. Aber er ist ohne Alternative, wollen wir nachhaltigen Frieden und Wohlstand für unseren Kontinent.

Deshalb verstärkt Wien seine internationale Orientierung, und deshalb ist es auch sinnvoll, dass Regionen mit gemeinsamen Interessen zusammenarbeiten. Die gegenwärtigen Kooperationen Wiens mit anderen großen Städten Europas – innerhalb und außerhalb der bisherigen EU-Grenzen – zu intensivieren und zu einem echten Netzwerk der wechselseitigen Unterstützung, der Wahrnehmung gemeinsamer Interessen und des Wissenstransfers auszubauen, ist eine der notwendigen Aufgaben der Gegenwart und Zukunft. Der Blick über den Zaun macht Sinn. Ich bemühe mich persönlich sehr um den Aufbau und die Pflege entsprechender Kontakte mit einigen meiner Amtskollegen in europäischen Hauptstädten. Ich halte das für wichtig, weil wir voneinander lernen können, und auch weil sich gezeigt hat, dass eine Stadt allein ihre Interessen in Brüssel nur sehr eingeschränkt wahrnehmen kann.

Es geht dabei aber auch um das Selbstverständnis unserer Stadt. Wie wollen wir uns positionieren, wie wollen wir gesehen werden im internationalen und regionalen Rahmen? Wo liegen unsere Stärken und Potenziale? In welche Richtung wollen wir uns entwickeln? Wo liegen die Schwerpunkte und Prioritäten?

Die künftige Stadtentwicklung Wiens ist untrennbar mit der Prosperität, Innovationsfähigkeit und Dynamik des gesamten zentraleuropäischen Raums verbunden. Wir bewegen uns dabei unweigerlich in einem Spannungsverhältnis zwischen Standortkonkurrenz und notwendiger, Grenzen auf den Landkarten und in den Köpfen der Menschen überschreitender Zusammenarbeit.

Um uns zu behaupten, brauchen wir Weltoffenheit und Innovationsfreude, Flexibilität und Lernbereitschaft. Das gilt für den ökonomischen und technischen Bereich ebenso wie für Bildung, Kultur, Ökologie und nicht zuletzt das soziale Klima.

All das kann die Stadtverwaltung selbstverständlich nicht allein leisten. Politik und Verwaltung sind nicht für alles verantwortlich, weder im Positiven noch im Negativen. Die gesamte Gesellschaft und die Wirtschaft sind gefordert. Eine auf hohem Niveau funktionierende städtische Infrastruktur und eine Verwaltung, die inhaltlich, organisatorisch und technisch kompetent ist, bilden aber eine wesentliche Grundlage.

Wir werden die meisten unserer Ziele hinsichtlich Positionierung und Entwicklung der Stadt nur unter der Voraussetzung eines leistungs- und kundenorientierten Verwaltungshandelns erreichen können. Die Effektivität und Effizienz der Verwaltung sind von maßgeblicher Bedeutung sowohl für die regionale und internationale Standortqualität Wiens als auch für den urbanen Lebensstandard der Bevölkerung und die Attraktivität der Stadt für ihre Besucher.

Die Verwaltung bestimmt das Klima einer Stadt mit. Sinnvolle Arbeit für die Bürger kann in einer modernen Demokratie nur mit den Bürgern geleistet werden. Das programmatische Schlagwort von der Bürgernähe muss von der Verwaltung, im täglichen Umgang mit den Menschen, ihren Problemen, Wünschen, Sorgen und Forderungen, in die Praxis umgesetzt werden. Es genügt vielfach nicht mehr, nur sachlich fundiert und den gesetzlichen Vorschriften entsprechend zu handeln, sondern es ist notwendig, den von einer Entscheidung Betroffenen deren Grundlagen und Voraussetzungen so zu erläutern, dass sie auch verstanden werden; insbesondere dann, wenn eine Entscheidung nicht im subjektiven Interesse des einzelnen Betroffenen gefällt werden kann. Wie Bürger, Wirtschaft, Politik und Verwaltung in diesem unvermeidbaren Spannungsfeld generell miteinander umgehen, das spielt eine entscheidende Rolle für den Zustand unserer Gesellschaft. Daran ist zu arbeiten, von allen Beteiligten.

Eine den Anforderungen unserer Zeit gerecht werdende Verwaltung muss sich also permanent weiterentwickeln, weil sie auf die sich laufend und immer schneller verändernden Rahmenbedingungen reagieren muss. Alte Muster sind obsolet geworden. Die neuen Informationstechnologien, der rasche Wandel von Produkten und Anforderungen machen zum Teil völlig neue Herangehensweisen erforderlich. Was lange Zeit gepasst hat, oft auch nicht weiter hinterfragt wurde, entspricht künftig in vielen Bereichen schlicht und einfach nicht mehr den Erwartungen und Ansprüchen. Wir stehen, was die Effizienz unserer Leistungserbringung betrifft, zum Teil schon heute, zum Teil perspektivisch im direkten Vergleich mit der Privatwirtschaft und anderen Gebietskörperschaften in ganz Europa. Dem müssen wir uns stellen.

Der Magistrat der Stadt Wien befindet sich deshalb seit der zweiten Hälfte der 90er Jahre in einem grundlegenden Wandlungsprozess von einer klassischen, obrigkeitsorientierten öffentlichen Verwaltung in einen Dienstleistungskonzern: Kunden- und Outputorientierung, Effizienz und Wirtschaftlichkeit sowie die Beschleunigung von Abläufen sind dezidierte Unternehmensziele.

Bevor ich auf diesen Veränderungsprozess näher eingehe, nur einige ganz wenige rechtliche, ökonomische, personelle und organisatorische Eckdaten: Wien ist Stadt und Bundesland zugleich. Das heißt, Wien hat in bestimmten Bereichen – Baurecht, Veranstaltungsrecht, Jugendschutz u.a. – eine eigene Gesetzgebung und nimmt zugleich in mittelbarer Bundesverwaltung eine Reihe von Bundesaufgaben wahr. Das Gewerberecht ist ein Beispiel. Im Bewusstsein der Bevölkerung ist Wien aber vor allem Gemeindeverwaltung mit der Verantwortung für essenzielle Infrastruktur- und Serviceleistungen.

Das Budget der Stadt Wien sieht für das Jahr 2004 Einnahmen und Ausgaben von ca. 9,3 Milliarden Euro vor. Der prognostizierte Maastricht-relevante Überschuss beträgt 190 Millionen Euro. Im Magistrat sind rund 60.000 Personen beschäftigt, fast 90 Prozent davon im Dienstleistungssektor. Etwa die Hälfte arbeitet in den Krankenanstalten der Stadt, weitere große Bereiche sind Straßenreinigung und Müllabfuhr, Kindergärten, Kanalisation, Wasserversorgung, Feuerwehr, Stadtgartenamt und eine der größten Hausverwaltungen Europas mit 220.000 Gemeindewohnungen. Nur wenig mehr als ein Zehntel der Mitarbeiter ist in der so genannten Hoheitsverwaltung beschäftigt, also mit der Administration im engeren Sinn, mit behördlichen Aufgaben, der Vollziehung von Gesetzen, Verwaltungsverfahren und Verwaltungsgenehmigungen: kurz, das, was man sich gemeinhin unter der Tätigkeit von „Beamten“ vorstellt.

Orientierung an den Bedürfnissen der Menschen

Zu meinem Verständnis des Magistrats ein paar grundlegende Thesen:

Flexibilität und Orientierung am Bürger sind essenziell: Die Verwaltung ist für die Bürger da, nicht für sich selbst. Aufgabendefinition ebenso wie Aufbau- und Ablauforganisation des Magistrats (sowie das Bewusstsein der Mitarbeiter) müssen in erster Linie auf die Bedürfnisse der Bürger und nicht auf die Bedürfnisse der Verwaltung ausgerichtet sein. Die Verwaltung hat sich daher weniger mit sich selbst zu beschäftigen als primär mit ihrer Außenwirkung. Wie grundsätzlich in jedem anderen Unternehmen auch, ist die Frage stets neu zu stellen: Was wollen, was erwarten unsere Kunden von uns? Welche Leistungen der Verwaltung werden tatsächlich gebraucht, welche sind vielleicht überholt oder werden von anderen Anbietern ebenso gut oder besser erbracht? Maßgeblich ist jedenfalls, was die Bürger, die Wirtschaft, die gesamte Gesellschaft für das Zusammenleben in dieser Stadt benötigen, wie sie die Leistungen der Stadtverwaltung empfinden, beurteilen und annehmen. Diese Bedürfnisse sind nicht statisch, sondern unterliegen Veränderungen und Entwicklungen.

Die Gesellschaft ist dynamischer geworden. Wir stehen selbstbewussten Bürgern als kritischen Kunden mit wachsenden Serviceansprüchen gegenüber. Der normenunterworfene Bittsteller ist – Gott sei Dank – Geschichte. Heute treten uns Kunden gegenüber, die als Kunden behandelt werden wollen.

Mehr Personal für mehr und bessere Leistungen ist vor dem Hintergrund knapper werdender finanzieller Ressourcen kein gangbarer Weg. Notwendig sind deshalb Aufgabenkritik, Kunden- und Marktkenntnis, die Optimierung von Organisationsstrukturen, Konzentration auf Kernaufgaben und die Erreichung maximaler Effizienz. Bei den Mitarbeiterinnen und Mitarbeitern gilt es vor allem, Lernbereitschaft, Flexibilität und Mobilität zu fördern und teilweise bestehende Veränderungsängste abzubauen. Wir müssen lernen, Veränderung als Normalität zu begreifen, vor allem aber auch als Chance. Veränderung findet auf jeden Fall statt. Bleiben wir stehen, so werden wir von der Entwicklung überrollt. Sind wir zeitgerecht, mit klaren Zielsetzungen, aktiv, so können wir sie gestalten.

Konsequenz einer konstruktiven und umfassenden Aufgabenkritik der öffentlichen Verwaltung – und einer solchen unterziehen wir uns in Wien seit meinem Amtsantritt – kann in manchen Bereichen nur Deregulierung sein. Wir haben in Österreich eine lange Tradition, als Antwort auf jedes neue Problem sofort ein neues Gesetz zu erfinden. Anschließend wundern wir uns dann darüber, dass es so viele Beamte gibt, die mit der Vollziehung beschäftigt sind. Hier eine grundlegende Veränderung zu bewirken ist in einem Land mit dem josefinischen Erbe der staatlichen Obsorge für alle Lebensbereiche gar nicht so selbstverständlich. Eigenverantwortung ist in Österreich, vorsichtig formuliert, historisch nicht ganz so ausgeprägt wie beispielsweise in der angelsächsischen Welt. Und natürlich bewegen wir uns in einem Spannungsfeld zwischen legitimen Regelungs- und Schutzbedürfnissen – etwa der Anrainer, der Umwelt – auf der einen Seite, der ökonomischen Dynamik, dem globalen Wettbewerb der Wirtschaft und der Finanzierbarkeit einer schlanken, effizienten öffentlichen Verwaltung auf der anderen Seite. Meiner Meinung nach kann es aber jedenfalls nicht Aufgabe der Verwaltung sein, mündige Bürger in allen Lebensbereichen vor sich selbst zu beschützen. Auch das hat etwas mit Freiheit und Selbstbestimmung zu tun.

Verwaltungsvereinfachung und -beschleunigung setzen eine geordnete und sinnvolle Deregulierung voraus. Auf landesgesetzlicher Ebene ist da in den letzten Jahren in Wien sehr viel geschehen. Beginnend mit einer großen Novelle der Bauordnung ziehen sich Verfahrensvereinfachungen wie der Wegfall von Bewilligungspflichten als roter Faden durch eine ganze Reihe von legistischen Änderungen.

Klare Zielsetzung dabei: Verwaltungsvorgänge und -verfahren sind so weit wie möglich zu vereinfachen, zu verkürzen, allenfalls überhaupt zu ersetzen, allerdings unter einer entscheidenden Prämisse: Am Ende eines jeden Verfahrens hat ein Zustand der Rechtssicherheit einzutreten. Denn niemand wird vernünftigerweise größere Investitionen vornehmen, wenn er nicht sicher sein kann, dass die zugrunde liegenden behördlichen Bewilligungen auch halten. Und wir wollen Investoren ermuntern und nicht abschrecken.

Wo es möglich ist, durch organisatorische und technische Maßnahmen Verwaltungsabläufe zu verkürzen, ohne die Rechtssicherheit zu gefährden, dort tun wir das und wollen das auch weiterhin tun. Wo gesetzliche Normierungen überholt scheinen, müssen wir trachten, zu zeitgemäßen, effektiven gesetzlichen Regelungen zu kommen. Überall wird der Bürokratieabbau aber sicher nicht möglich sein, weil die Komplexität mancher Verfahren aus der Wahrnehmung von Bürgerrechten resultiert, die entscheidend zu beschneiden weder politisch durchsetzbar ist noch gesellschaftlich wirklich wünschenswert wäre. Und dass die Verwaltung sich da oder dort augenzwinkernd über Gesetze hinwegsetzt, kann schlicht und einfach nicht in Frage kommen, weil dies Rechtsunsicherheit zur Folge hätte und in letzter Konsequenz der Willkür Tür und Tor öffnen würde. Deregulierung und moderne Informationstechnologien können viel, aber nicht alle Bürokratie ersetzen. Max Weber hat einmal gemeint, es gebe nur die Wahl zwischen Bürokratisierung und Dilettantisierung der Verwaltung. Er hatte damit schon Recht, wir müssen nur versuchen, mit so wenig wie möglich von beidem auszukommen.

Vom Obrigkeitsstaat zum Dienstleistungskonzern

Im Magistrat der Stadt Wien wurde also in der zweiten Hälfte der 1990er Jahre ein grundlegender Strukturwandel von einer zwar gut funktionierenden, aber weitgehend immer noch klassischen obrigkeitsstaatlichen Verwaltung zu einem modernen Dienstleistungskonzern eingeleitet. Primäre Ziele dieses Veränderungsprozesses in einem Konzern mit fast zehn Milliarden Euro Budget und rund 60.000 MitarbeiterInnen sind Kundenorientierung, Effizienzsteigerung und die Beschleunigung von Verwaltungsabläufen.

Der Magistrat hat sich seither mehr verändert als in vielen Jahrzehnten zuvor. Zahlreiche konkrete Reformmaßnahmen erfolgten vor dem Hintergrund strategischer Weichenstellungen in Richtung New Public Management, zu dessen Eckpfeilern die Implementierung betriebswirtschaftlicher Instrumente, dezentrale Ressourcenverantwortung sowie die verbesserte strategische Steuerung durch Kontraktmanagement und Controlling gehören. Eine neue Unternehmenskultur ist im Entstehen.

Viel bleibt zu tun, aber die Richtung ist klar erkennbar geworden. Verwaltungsreform ist nicht mehr nur ein Begriff für Fachleute, sondern für die Bürgerinnen und Bürger bereits konkret erlebbar: In der Kommunikation via Internet, in neuen Serviceeinrichtungen und in einer neuen Kundenorientierung, wie sie etwa in Front Offices exemplarisch zum Ausdruck kommt.

Steigerung der Effizienz und Effektivität

Eine 1997/98 durchgeführte umfassende Organisationsanalyse durch sieben international renommierte Unternehmensberater bescheinigte dem Magistrat, seine Aufgaben auf einem bemerkenswert hohen Niveau zu erfüllen. Es wurden aber auch Einsparungs- und Optimierungspotenziale ermittelt. Leistungskürzungen, die ebenfalls vorgeschlagen wurden, lehnte die Stadtregierung ab. Diese Prämisse lag einer Umsetzbarkeitsanalyse der von den *Consultants* auf insgesamt 5000 Seiten unterbreiteten ca. 700 Einzelvorschläge zu Grunde. (Ein Großteil davon war übrigens aus dem Haus gekommen.) Tatsächlich wurden nicht weniger als 83 Prozent der operativen Einzelvorschläge aus der Organisationsanalyse umgesetzt.

Durch die Erhöhung der Effektivität und Effizienz in den letzten Jahren ist es der Stadt Wien möglich gewesen, eine ganze Reihe zusätzlicher Aufgaben – Meldewesen, Passwesen, Fundwesen – vom Bund zu übernehmen, ohne den Personalstand insgesamt zu erhöhen.

Die Organisationsanalyse bestätigte aber auch, dass der Magistrat verschiedene strukturelle Defizite klassischer Verwaltungen aufwies, die ohne Gegensteuerung längerfristig zu einer spürbaren Schwächung seiner Leistungs- und Konkurrenzfähigkeit führen würden. In der Folge wurde unter der Federführung der Magistratsdirektion ein mittelfristiges strategisches Programm erarbeitet, in das auch die Ergebnisse der Organisationsanalyse der externen Unternehmensberater einflossen. Auf dieser Basis wurde der Prozess der Umwandlung des Magistrats in einen kundenorientierten, effizienten und transparenten Dienstleistungskonzern – vor dem Hintergrund knapper werdender Finanzmittel – energisch vorangetrieben.

Zu den maßgeblichen Zielen des im Frühjahr 2001 vorgestellten Programms gehörten der Ausbau von *E-Government*, der Einsatz moderner Steuerungsinstrumente, ein unternehmerisches Finanzmanagement an Stelle klassischer Kameralistik, der Wandel der Unternehmenskultur des Magistrats in Richtung Stärkung der Eigenverantwortung und des Vertrauens, ein stärker leistungsorientiertes Besoldungssystem und ein effizienter Einkauf.

Dieses Konzept, das auch in die Erarbeitung der im Sommer 2002 von mir, in Abstimmung mit der politischen Ebene, für die nächsten Jahre vorgegebenen strategischen Ziele der Verwaltung eingeflossen ist, befindet sich magistratsweit in Umsetzung. Ein beträchtlicher Teil ist bereits realisiert, manches – wie die Weiterentwicklung der Unternehmenskultur – versteht sich grundsätzlich prozesshaft.

Zu den wichtigsten realisierten Maßnahmen gehören:

- Das Internet-Angebot der Stadt wird konsequent ausgebaut. Es umfasst derzeit 20.000 Seiten Information und 35 Datenbanken sowie zahlreiche interaktive Services und verzeichnet mehr als 13 Millionen Zugriffe von 650.000 Usern pro Monat.
- Die Magistratischen Bezirksämter werden schrittweise zu *Front Offices* nach dem Prinzip des *One-Stop-Shops* ausgestaltet.
- Die Erhöhung der Effizienz, Effektivität und Flexibilität war Ziel einer ganzen Reihe tief greifender struktureller Reformen. Die Wiener Stadtwerke (öffentliche Verkehrsmittel, Energieversorgung, Bestattung) verblieben zwar im Eigentum der Stadt, wurden aber als Unternehmen aus dem Magistrat ausgegliedert. Unternehmen, allerdings im Rahmen des Magistrats, wurden auch die städtische Wohnhäuserverwaltung und der Wiener Krankenanstaltenverbund. Die Museen der Stadt Wien wurden in eine wissenschaftliche Anstalt umgewandelt. Rationalisierungseffekte brachten u.a. auch die Zusammenlegung von Personalamt und Besoldungsamt sowie die Schaffung eines modernen Bau-, Gebäude- und Liegenschaftsmanagements. Die Magistratsdirektion wurde in Richtung einer schlanken strategischen Konzernzentrale weiterentwickelt. Eine tief greifende Strukturreform des Sozialbereichs befindet sich in Umsetzung.
- Das Finanzmanagement wurde im Sinne der Dezentralisierung der Ressourcenverantwortung umgestellt (Geschäftsgruppenbudgets), die Finanzverwaltung konzentriert sich auf zentrales Budgetcontrolling.

Die Prinzipien, an denen wir uns bei der notwendigen Strukturreform orientieren, sind Elemente des so genannten *New Public Manage-*

ments. Die Richtung des Veränderungsprozesses weist weg von den obrigkeitsstaatlichen, hierarchischen Strukturen einer klassischen Verwaltung, hin zu einem outputorientierten, flexiblen Dienstleistungskonzern. Ökonomische Kriterien, die früher im öffentlichen Sektor eine untergeordnete Rolle gespielt haben, werden in einem Umfeld, in dem Wettbewerb eine immer größere Rolle spielt, ähnlich wie in der Privatwirtschaft zu maßgebenden Faktoren.

Im Einzelnen kann und muss die Umsetzung des Reformprozesses durchaus pragmatisch erfolgen, unter Bedachtnahme auf soziale und politische Verträglichkeit und selbstverständlich auf die permanente Aufrechterhaltung der Funktionsfähigkeit der Verwaltung und der Rechtssicherheit.

Wir bedienen uns dort, wo es Sinn macht, selbstverständlich zunehmend jener Techniken und Werkzeuge, die auch in der Privatwirtschaft weltweit zum Einsatz kommen. Das erfordert letztlich eine grundlegende Veränderung unserer gesamten Unternehmens- und Führungskultur. Dies reicht von der politischen Ebene, welche die Ziele vorgeben muss, über die Führungskräfte, die weniger als oberste Sachbearbeiter, sondern als Manager gefordert sind, bis zu den einzelnen Mitarbeiterinnen und Mitarbeitern, deren Eigenverantwortung zunimmt.

Das neue Steuerungsmodell

Die Weiterentwicklung des Magistrats zu einem modernen, kundenorientierten, effizienten und konkurrenzfähigen Dienstleistungskonzern erfordert klare Zielsetzungen und geeignete Strukturen und Instrumente zu deren prozessualen Umsetzung. Dazu gehört auch eine stärkere Differenzierung zwischen strategischen und operativen Aufgaben. In der klassischen öffentlichen Verwaltung werden Entscheidungen häufig nicht dort getroffen, wo sie im Interesse von Schnelligkeit und Effizienz eigentlich notwendig wären, wird Verantwortung oft nicht dort wahrgenommen, wo die unmittelbaren Sach-, Kunden- und Marktkenntnisse sind. Vielmehr werden konkrete Entscheidungen tendenziell in der Hierarchie nach oben verschoben und möglichst breit abgesichert.

Wollen wir den Anforderungen der Zukunft gewachsen sein, müssen wir noch schneller, effizienter und flexibler werden. Wir müssen auf rasch wechselnde Rahmenbedingungen, technische Entwicklungen, wirtschaftliche Veränderungen und Kundenwünsche ebenso rasch reagieren können. Die Abteilungen brauchen dafür klare grundsätzliche Vorgaben und erweiterte Kompetenzen in ihrer täglichen Arbeit, die politisch Verantwortlichen und die Konzernspitze benötigen strukturierte Informationen, um ihre Steuerungsverantwortung wahrzunehmen.

Und so sieht das neue Steuerungsmodell aus: Während die geschäftsgruppenspezifischen inhaltlichen Ziele von der politischen Ebene vorgegeben werden, fungiert die Magistratsdirektion auf der Ebene der Verwaltung als strategische Steuerungszentrale für den Gesamtkonzern. Sie gibt als Verwaltungsspitze, in Abstimmung mit der politischen Ebene, die für den gesamten Magistrat gültigen grundlegenden Verwaltungsziele vor und konzentriert sich auf die Aufgaben der strategischen Planung und Steuerung, auf Konzern-Controlling und Koordination. Die Magistratsdirektion formuliert die grundlegenden Rahmenbedingungen und unterstützt die Dienststellen, wo notwendig, mit Service und Know-how. Aus operativen Aufgabenfeldern zieht sie sich weitestgehend zurück. Für die Abteilungen bedeutet dieses Modell mehr Freiheiten, mehr Kompetenzen und größere Selbstständigkeit bei der Erreichung ihrer Ziele und bei der Erfüllung ihrer Aufgaben.

Das Instrument, mit dem dieses neue Steuerungsmodell umgesetzt werden soll, ist das Kontraktmanagement. Aufbauend auf den Erfahrungen einer Pilotierungsphase sollen Kontrakte bis zum Jahr 2005 als Steuerungsinstrument flächendeckend für den gesamten Magistrat – mit Ausnahme der städtischen Unternehmungen – implementiert werden. Für das Jahr 2003 verfügten 25 Dienststellen über Kontrakte.

Die einzelnen Leistungskontrakte werden von den Amtsführenden StadträtInnen und dem Magistratsdirektor mit den Dienststellen abgeschlossen. Geschäftsgruppen-KoordinatorInnen sind in diesem Prozess für die Koordination der Umsetzung der inhaltlichen politischen Vorgaben der jeweiligen Geschäftsgruppe verantwortlich. Die strategischen Verwaltungsziele werden von den Geschäftsbereichen der Magistratsdirektion heruntergebrochen. Für ihre Implementierung in die Kontrakte ist die Magistratsdirektion-Organisation und Controlling verantwortlich, die neben ihrer zentralen Koordinations- und Controllingfunktion den Dienststellen auch für die Beratung im Kontraktmanagement zur Verfügung steht. Für die fachlich-inhaltliche Beratung und Steuerung wurden Controllingstellen eingerichtet.

Der Leistungskontrakt umfasst in strukturierter Form die strategischen bzw. längerfristigen Ziele, Projekte, Grundsatzvereinbarungen sowie die Schwerpunkte und Veränderungen im Hinblick auf Ressourcen, Potenziale zur Leistungserbringung, angestrebte Ergebnisse, Produkte, Leistungen und Vorhaben im jeweiligen Wirkungszeitraum. Als Grundlage dient eine umfassende Basisdarstellung der Dienststelle. Ein entsprechendes Berichtswesen hat darauf aufzusetzen.

Die strategischen Ziele der Verwaltung

Strategische Ziele der Verwaltung definieren Richtung und Rahmen. Sie sind für den gesamten Magistrat verbindlich. Für die Stadt Wien wurden 2002 erstmals solche grundlegenden Verwaltungsziele festgeschrieben und transparent gemacht. Sie sind Signal- und Orientierungspunkte für die Fortsetzung des eingeschlagenen Weges zum effizienten, kundenorientierten Dienstleistungskonzern, der sich auf einem härter werdenden Markt selbstbewusst behauptet. Die Dienststellen erhalten damit einen Handlungsrahmen für ihre Arbeit und eine grundsätzliche Richtlinie für ihre Weiterentwicklung. Dieser Rahmen ist im Wege des „Kontraktmanagements" prozessual mit konkreten Inhalten der verschiedenen Abteilungen zu füllen. Damit wird ein hoher Anspruch gesetzt und seine Erfüllung messbar und transparent gemacht. Politik und Konzernmanagement, strategische und operative Dienststellen werden daran auch tatsächlich gemessen werden.

Die Verwaltungsziele des Magistrats bis 2005 umfassen:

Leistungs- und Ergebnisziele

- Effektiver und effizienter Dienstleister mit sozialer Verantwortung
- Erhaltung bzw. Ausbau moderner Projekt- und Qualitätsstandards
- Weitere Beschleunigung der Dauer von Verfahren

Kundenziele

Erhöhung der Kundenorientierung

- Zufriedenheit an den wichtigsten Kundenschnittstellen (z.B. Telefonauskünfte, E-Government-Angebote): Beurteilung sehr hoch bis exzellent
- Kontinuierliche Beobachtung der Akzeptanz neuer Serviceleistungen
- Erledigungsstandards bei Anfragen, Ersuchen und Beschwerden
- Gezielteres Ansprechen von Kundenbedürfnissen

Finanz- und Wirtschaftlichkeitsziele

- Weiterführung der Budgetkonsolidierung (EU-Konformität)
- Stabilisierung im Bereich Personalkosten
- Sicherstellung von optimalen Kosten- und Organisationsstrukturen zur Verbesserung von Kostendeckungsgraden

Managementziele

- Fortsetzung der Verwaltungsreform (z. B. durch Einführung betriebswirtschaftlicher Steuerungssysteme; interne Leistungsverrechnung)
- Weiterer qualitätsvoller Ausbau des E-Government-Leistungsangebots
- Sicherstellung ausreichender MitarbeiterInnen-Qualifikationen auch für künftige Aufgaben

Die Rolle der modernen Informationstechnologien

Einen einschneidenden Kulturwandel verlangt auch der effiziente und effektive Einsatz moderner Informationstechnologien, den wir stark forcieren. Die Revolution der Informationstechnologien ist der wohl wichtigste Motor der Veränderung in der Verwaltung überhaupt. Zwei Drittel der Wiener Bevölkerung verfügen schon jetzt über einen Internet-Zugang. Die rasante Entwicklung neuer Kommunikationstechniken beeinflusst die Tätigkeit der Verwaltung nachhaltig. Ebenso wie im globalen Produktionsprozess gewinnen Information und Kommunikation auch im öffentlichen Sektor eine fundamentale Rolle. Dies gilt für die Kommunikation mit den Bürgern ebenso wie für Ablauforganisation und Entscheidungsstrukturen innerhalb der Verwaltung. Die traditionelle Weisungs-, Kontroll- und Anwesenheitskultur wird vor dem Hintergrund der modernen Informationstechnologien in weiten Bereichen tendenziell obsolet, ja kontraproduktiv, weil sie weder humane noch infrastrukturelle Ressourcen optimal ausschöpfen kann. Effiziente Kooperation in virtuellen Netzwerken bedarf häufig nicht der physischen Präsenz zur selben Zeit am selben Ort. Auch Arbeitszeit-, Raum- und Bürostrukturen sind daher zeitgemäß weiterzuentwickeln. Ziel ist auch hier vor allem die Orientierung am Bürger. Es geht primär nicht darum, mit Hilfe neuer Techniken traditionelle Verfahrensabläufe zu perfektionieren, sondern diese vor dem Hintergrund neuer technischer Möglichkeiten überhaupt in Frage zu stellen und – wo sinnvoll – zu überwinden; also beispielsweise, Beamten an ihren Arbeitsplätzen mit Hilfe elektronischer Kommunikationstechnologien den direkten Zugriff auf alle notwendigen Informationen zu ermöglichen, damit sie zu ihnen kommende (oder elektronisch mit ihnen kommunizierende) Bürger nicht mehr an andere Dienststellen weiterverweisen und mitunter – tatsächlich oder vermeintlich – im Kreis schicken müssen.

Wir müssen die Möglichkeiten der neuen Technologien zur Beseitigung traditioneller, oft komplizierter, sehr stark hierarchisch ausgeprägter Organisationsstrukturen und langwieriger Entscheidungsabläufe nützen. Am Ende des Tages müssen Prozessoptimierung und Effizienzsteigerung darstellbar sein. Und nicht zuletzt müssen wir uns darauf konzentrieren, mehr als frühere Verwaltungen die Bedürfnisse der Kunden in den Mittelpunkt unserer Überlegungen zu stellen. Es wäre den Menschen in einem Zeitalter, in dem sie rund um die Uhr online in den USA Bücher bestellen, in Tokio Hotelzimmer buchen und in London Theaterkarten kaufen können, auf die Dauer nicht zu erklären, dass sie sich für manche österreichische Behördenleistungen stundenlang bei jeweils verschiedenen Ämtern anstellen müssen. Den Bürgern sind die dahinter stehenden unterschiedlichen Behördenzuständigkeiten nämlich – nicht ganz zu Unrecht – ziemlich gleichgültig. Hier ist die Verwaltung gefordert, aber auch die Politik, und gerade auf diesem Gebiet – Internet, E-Government – liegen wir in Wien, auch im internationalen Vergleich, gar nicht schlecht. Das städtische Internet-Angebot wird angenommen, und es hält auch internationalem *Benchmarking* stand.

Die Stadt Wien forciert die neuen Informationstechnologien, um Effizienz und Serviceangebote zu optimieren und die Wettbewerbsfähigkeit als Wirtschaftsstandort zu sichern. Online-Angebote von Gewerbeanmeldungen über die Parkraumbewirtschaftung bis zur Reservierung von Hochzeitsterminen sind viel versprechende E-Government-Ansätze.

In den nächsten Jahren sollen, soweit sinnvoll, alle wesentlichen von der Verwaltung betreuten Geschäftsfelder für die Möglichkeit des elektronischen Kundenverkehrs adaptiert werden. Wir müssen aber auch darauf achten, unser Angebot an den tatsächlichen Bedürfnissen der Kunden auszurichten. Nicht alles, was technisch machbar ist, macht auch Sinn und wird nachgefragt. Da besteht manchmal auch die Gefahr technikverliebter teurer Lösungen, die niemandem wirklich etwas bringen. Wir werden sehen, wie sich die Dinge entwickeln. Worum es geht, ist, dass die Akten und Daten anstelle der Menschen laufen, dass wir unsere Leistungen für die Adressaten so einfach, so unkompliziert, so gebündelt, so schnell und so effizient wie möglich anbieten.

Viele Zugänge und Aufgaben

E-Government ist aber nur ein – wenn auch besonders wichtiger – Faktor der Kundenorientierung. Die Verwaltung kann sich ihre Kunden nicht aussuchen, die Kunden suchen den Kontakt zu uns vielfach nicht freiwillig, sondern weil sie müssen. Wer zahlt beispielsweise schon gerne eine Verwaltungsstrafe? Und selbstverständlich werden auch in Zukunft Kunden nicht nur via Internet, sondern auch persönlich oder telefonisch mit dem Magistrat kommunizieren wollen oder müssen. Wir setzen deshalb auf einen *Multi-Channel*-Zugang: Die Forcierung des Prinzips des One-Stop-Shops und die Optimierung der Telefonie – etwa durch Implementierung von Call-Center-Lösungen – sind zeitgemäße Antworten auf diese Anforderungen. Die Magistratischen Bezirksämter – als erste Anlaufstelle für die Kunden – werden sukzessive zu modernen Bürgerservicezentren nach dem Prinzip des Front Offices ausgestaltet. Im 15., 16. oder 22. Bezirk kann man sich das schon anschauen. Dort gibt es so viel wie möglich, von der Gewerbeanmeldung bis zum Staatsbürgerschaftsnachweis, aus einer Hand. Worum es geht, ist einfach, den Kunden zu helfen, rascher, unkomplizierter und zielführender die Dienstleistungen der Verwaltung in Anspruch zu nehmen. Denn nicht der Bürger soll Experte für Verwaltungsabläufe und -verfahren sein müssen, um eine Auskunft oder ein Dokument zu bekommen, sondern es soll unser Geschäft sein, es ihm so leicht wie möglich zu machen.

Die Funktion der Magistratsdirektion ist in diesem Kontext die der Zentrale eines Großkonzerns mit zahlreichen Töchtern und einer Aufgabenvielfalt, für die es kaum Vergleichbares gibt. Sie soll als schlanke strategische Konzernzentrale wirken. Die administrative Spitze wurde deshalb von mir nach dem Vorstandsmodell privatwirtschaftlicher Konzerne reorganisiert, zahlreiche operative Aufgabenfelder, die früher von der Magistratsdirektion wahrgenommen worden waren, etwa im EDV-Bereich, wurden abgegeben. Mehrere „Töchter"-Unternehmungen – Magistratsabteilungen – sind de facto selbst Großbetriebe, die – im Rahmen des Gesamtkonzerns – in ihrer Eigenständigkeit gestärkt worden sind.

Die DienststellenleiterInnen haben ihre Aufgaben als weitgehend selbstständig agierende Manager zu erfüllen, ihr Erfolg wird in erster Linie an der Erreichung von Leistungszielen zu messen sein. Ich bin mir dessen bewusst, dass es auch dafür eines Prozesses bedarf. Wir müssen großes Augenmerk auf die Personalentwicklung und die Heranbildung und Auswahl geeigneter Führungskräfte legen. Ich habe da im Übrigen keine Berührungsängste mit der Privatwirtschaft. Wir bedienen uns bei der Rekrutierung von Führungskräften heute ähnlicher Methoden und wir setzen auch private Personalberater ein.

Ein Reizthema in der öffentlichen Diskussion ist die Pragmatisierung. Eine seriöse Debatte wird allerdings nicht zuletzt dadurch behindert, dass wir zwei Dinge, die eigentlich nichts miteinander zu tun haben, permanent und scheinbar unauflöslich miteinander verbinden, nämlich den Schutz von Beamten vor politischer Willkür und das Pensionssystem. Ich halte einen Kündigungsschutz von Personen, die rechtliche Entscheidungen zu treffen haben, für eine gesellschaftliche Notwendigkeit. Das hat zur Zeit der Erfindung der Dienstpragmatik gegolten, und das hat auch heute und in Zukunft seine Gültigkeit. Und ich halte ein vernünftiges Pensionssicherungssystem für jede Berufsgruppe grundsätzlich für legitim, selbstverständlich auch für die MitarbeiterInnen des öffentlichen Dienstes. Die Pragmatisierung als gemeinsame Lösung beider Anliegen allerdings ist zwar historisch erklärbar, aber in dieser Form nicht wirklich zukunftstauglich.

Wir sollten vielmehr für die Zukunft definieren, wo Kündigungsschutz im Interesse der Rechtssicherheit und der Kontinuität der Verwaltung Sinn macht, und uns dort auch offensiv dazu bekennen – nicht als Privileg, sondern im Interesse der Gesellschaft, der Wirtschaft und des Staatsganzen. Gleichzeitig sollten wir die Diskussion über die künftigen Pensionssicherungssysteme von dieser Frage abkoppeln.

Auch das Gehaltsschema im öffentlichen Dienst bedarf neuer Zugänge. Was wir brauchen, ist ein Besoldungssystem, das unseren Leistungs- und Kostenzielen Rechnung trägt. Wir müssen die Kosten im Griff behalten, wir müssen aber in bestimmten Sektoren des Arbeitsmarkts auch darauf achten, als Arbeitgeber attraktiv genug zu sein, um jene Leute zu bekommen, die wir brauchen. Das geltende Gehaltsschema im öffentlichen Dienst basiert auf einer ausufernden Vielfalt von Zulagen, die wiederum einen hohen Verrechnungsaufwand erfordern, und lässt einen Zusammenhang zwischen individueller Leistung und damit korrespondierender Entlohnung nur eingeschränkt zu. Ein neues, flexibleres Besoldungssystem, das mit fixen und variablen Gehaltsbestandteilen eine engere Verknüpfung zwischen Arbeitserfolg und Entlohnung zulässt, wäre die konsequente Lösung dieses Problems. Einfach dürfte sie im Spannungsfeld zwischen Politik, Gewerkschaft und enger werdenden finanziellen Spielräumen allerdings nicht werden.

Outsourcing und Privatisierung

Die bereits erwähnten externen Consultants haben sich im Rahmen ihrer Organisationsanalyse des Magistrats auch ausführlich und fundiert mit dem Thema *Outsourcing* beschäftigt. Dabei wurde mit großer Deutlichkeit klargestellt und begründet, dass die Überführung von einer Betriebsform in eine andere als solche noch keine höhere Wirtschaftlichkeit bedeutet. Eine Ges.m.b.H. beispielsweise ist nicht quasi per Naturgesetz besser oder effizienter als eine Magistratsabteilung. Es kommt auf die jeweilige Aufgabe, die jeweilige Zielsetzung an, für deren Erfüllung und Erreichung die jeweils optimale Organisationsform zu bestimmen ist. Es wäre z.B. wenig einleuchtend, für die Erfüllung einer Aufgabe, die nicht gewinnorientiert ist, zwanghaft eine Betriebsform zu wählen, die genau für den Zweck, Gewinne zu erzielen, erfunden worden ist. *Outsourcing* sollte ausschließlich unter dem Gesichtspunkt der Zweckmäßigkeit diskutiert werden. Dort, wo es einen Markt gibt, wo man Leistungen zukaufen kann, ist diese Frage relativ einfach mit dem Rechenstift zu lösen. Hier ist ein unideologischer Zugang ratsam. Ein Monopol dagegen, das heute demokratischer Kontrolle und Steuerbarkeit unterliegt, wie etwa die Wasserversorgung, durch ein anderes, privates zu ersetzen, dessen Kontrolle sich jedenfalls schwieriger gestalten würde, kann nicht im öffentlichen Interesse sein.

Allerdings stehen auch die öffentlichen Verwaltungen und Unternehmungen heute in zunehmendem Maße im Wettbewerb. Deshalb und um uns der Privatisierungsdiskussion selbstbewusst stellen zu können, müssen wir unsere tatsächlichen Kosten kennen, etwas, das die klassische Kameralistik nicht leistet. Die Implementierung eines modernen Rechnungswesens, Methoden und Werkzeuge wie interne Leistungsverrechnung sind deshalb kein Selbstzweck, keine bloße Modeerscheinung, sondern notwendig, um unsere tatsächlichen Kosten beurteilen und Optimierungspotenziale ausschöpfen zu können. Wenn wir uns dem Vergleich mit der Privatwirtschaft stellen wollen, und das müssen wir, dann müssen wir vermehrt auch betriebswirtschaftliche Instrumente zur Steuerung des Verwaltungshandelns implementieren. Integrierende Faktoren des neuen Steuerungsmodells sind deshalb Kosten- und Leistungsrechnung, Kosten-Nutzen-Abwägungen und Evaluierung durch Controlling und Berichtswesen. Die Erreichung der gesetzten Ziele muss laufend evaluiert werden können, es muss für die Zentrale möglich sein, rechtzeitig einzugreifen, wenn Entwicklungen – zum Beispiel beim Budget, beim Personal, bei der Zielerreichung – falsch laufen. Ebenso müssen die einzelnen Abteilungen, wenn sie ihre im Kontrakt definierten Leistungen nach dem Muster privater Konzerne mit größtmöglicher Wirtschaftlichkeit erbringen sollen, über Instrumente und Daten verfügen, um die Auswirkungen ihrer Entscheidungen abschätzen zu können. Dazu brauchen wir Kennzahlen und Indikatoren, ein standardisiertes Berichtswesen. Dafür bietet der Markt Instrumente an.

Nicht zuletzt die EU sorgt dafür, dass es tendenziell immer weniger geschützte Geschäftsfelder gibt. Der Kostendruck steigt. Der Magistrat muss deshalb konkurrenzfähig sein, und in vielen Bereichen ist er das auch. Wir leisten uns allerdings da und dort einen Standard, der – etwa bei der Ausgestaltung und Pflege der Grünflächen – deutlich über dem vergleichbarer Städte in Westeuropa liegt. Das kostet aber nicht nur etwas, sondern bringt auch sehr viel für die Lebens- und Standortqualität dieser Stadt. Die sollte uns doch einiges wert sein. Die Entscheidung darüber hat letztlich die Politik zu treffen. Klar ist, dass Qualität und Sicherheit ihren Preis haben. Wenn die Qualität stimmt, wenn sie angenommen wird und wir ihren Preis nachvollziehbar argumentieren können, bin ich aber sicher, dass das die Kunden auch akzeptieren. Nur billig zu sein halte ich für kein Ziel.

Daher meine These: Das Anspruchsniveau an die Verwaltung steigt. Ohne Gegenmaßnahmen würde das bedeuten, dass die Schere zwischen Einnahmen und Ausgaben immer größer würde. Wien steht finanziell gut da, besser als viele vergleichbare Städte im Ausland. Aber in nicht allzu ferner Zukunft würden wir trotzdem beim Verkauf des Tafelsilbers landen. Deshalb sind wir dabei, unsere Strukturen so zu ertüchtigen, dass wir die gleiche Leistungsfähigkeit wie in der Privatwirtschaft erreichen und darstellen können. Den Kunden ist es nämlich letztlich ziemlich gleichgültig, von wem eine Leistung erbracht wird. Sie wollen sie ordentlich und zu einem fairen Preis.

Der Wiener Magistrat hat sich vor diesem Hintergrund in den letzten paar Jahren mehr verändert als in vielen Jahrzehnten zuvor. Wir haben eine Trendumkehr von einer zentralistisch-hierarchischen Verwaltung zu einem modernen Dienstleistungskonzern konsequent auf Kurs gebracht. Es haben tiefe Einschnitte in die Organisationsstruktur stattgefunden: Die Ausgliederung der Wiener Stadtwerke, um diese für die EU-weite Liberalisierung fit zu machen, war die mit Abstand größte Organisationsreform des letzten halben Jahrhunderts. Die Wohnhäuserverwaltung – mit an die 220.000 Wohnungen eine der größten Europas – und der Krankenanstaltenverbund mit rund 30.000 MitarbeiterInnen wurden aus Magistratsabteilungen in Unternehmungen der Stadt umgewandelt und erhielten damit eine deutlich größere Bewegungsfreiheit. Wir haben uns auch nicht gescheut, eine so traditionsreiche Institution wie den Schlachtbetrieb Sankt Marx, der ökonomisch nicht mehr argumentierbar war, zu schließen – mit flankierenden Maßnahmen im Personalbereich, ohne Streiks und große soziale Risse.

Qualität ist nichts Selbstverständliches

Zusammenfassend: Wir haben vor einigen Jahren begonnen, den Magistrat der Stadt Wien von einer klassischen öffentlichen Verwaltung in einen modernen Dienstleistungskonzern umzuwandeln und weiterzuentwickeln. Dieser Reformprozess steht in einem ursächlichen Zusammenhang mit tief greifenden Veränderungen der gesellschaftlichen und ökonomischen Rahmenbedingungen. Der klassische Obrigkeitsstaat, dem der Bürger als Normunterworfener und Bittsteller gegenübersteht, ist Vergangenheit, ist von der gesellschaftlichen Realität überholt. Die öffentlichen Monopole sind in vielen Bereichen obsolet geworden, die Verwaltung befindet sich immer häufiger in Konkurrenz zu anderen Dienstleistern. Gleichzeitig stehen die Städte selbst im Standortwettbewerb einer globalisierten Wirtschaft.

Die damit verbundenen Herausforderungen zu bewältigen ist für die öffentliche Verwaltung einerseits eine institutionelle Überlebensfrage. Die Qualität der von ihr erbrachten Dienstleistungen ist aber andererseits auch von essenzieller Bedeutung für die Lebens- und Standortqualität der Stadt als Ganzes. Es ist meine tiefe Überzeugung, dass der Wiener Magistrat exzellente Qualität liefern kann, es in vielen Bereichen auch tut. Qualität ist aber nichts Selbstverständliches. Sie muss immer wieder neu definiert, erarbeitet und evaluiert werden, und sie hat ihren Preis.

Qualitätsmanagement heißt, unsere Leistungen an den Bedürfnissen der Kunden zu orientieren. Diese Bedürfnisse sind nicht statisch. Kunden und Kundenwünsche ändern sich. Produktzyklen werden immer kürzer. Wir müssen deshalb immer wieder die Frage stellen, ob unsere Produkte noch bedarfsgerecht sind, ob wir das anbieten, was die Bürger tatsächlich brauchen und wollen.

Das heißt, wir müssen uns mit dem dynamischen Umfeld, in dem und für das wir arbeiten, permanent auseinander setzen. Wenn Qualität Kundenorientierung voraussetzt, so müssen wir unsere Kunden und ihre Bedürfnisse kennen. Unsere Kunden, das sind vor allem die Menschen, die in dieser Stadt leben und arbeiten, lernen und ihre Freizeit verbringen, auch alt und krank werden. Diese urbane Gesellschaft, für welche die Stadtverwaltung da ist, verändert sich, in ihren Strukturen und Lebensmustern ebenso wie in ihren Ansprüchen. Die Welt ist mobiler geworden, die Zusammensetzung der Gesellschaft differenzierter. Um damit umzugehen, gilt es, Bewusstsein und Kompetenz zu entwickeln und zu fördern.

Was wir dafür brauchen, ist ein Klima der Offenheit und der Toleranz, und wir müssen lernen, Verschiedenheit – nicht nur der Herkunft – als Normalität und Wert zu erkennen und nicht – wie das gelegentlich auch geschieht – als eine Art Behinderung aufzufassen.

Die Vielfalt und Dynamik urbaner Gesellschaften sind in der Geschichte immer wieder der Schlüssel für die besondere Prosperität und den hohen kulturellen Standard, das heißt für den historischen Erfolg großer Städte gewesen: Vielfalt kann Stärke sein, ist Chance und Herausforderung. Das darin vorhandene Potenzial müssen wir nutzen und fördern, wenn wir im ökonomischen Wettbewerb vorne dabei sein wollen. Weltoffenheit, internationale Kontakte, sprachliche und interkulturelle Kompetenz sind nicht nur Werte per se, sondern auch schlicht konkrete Wettbewerbsvorteile in einer globalisierten Wirtschaft. Das gilt für den Standort Stadt Wien als Ganzes ebenso wie für den Dienstleistungskonzern Magistrat.

Die Europäische Union und die neue geopolitische Situation in Europa haben für die österreichische Ostregion nach Jahrzehnten am Eisernen Vorhang neue Chancen, aber natürlich auch einiges an Problemen und Ängsten gebracht, die wir zum Teil noch zu bewältigen haben. Das gilt für die sozialen Folgen der verstärkten Mobilität ebenso wie für die Attraktivität Wiens als Wirtschaftsstandort in einer verschärften internationalen Städte-Konkurrenz. Es gilt, Erfordernisse von Unternehmen und Investoren in einer globalisierten Wirtschaft unter einen Hut zu bringen mit dem gestiegenen Umweltbewusstsein der Bevölkerung. Es gilt, einen Ausgleich zu finden zwischen der Forderung des mündigen Bürgers nach Mitwirkung an Entscheidungsprozessen und der Verpflichtung zu Effizienz, der Wirtschaft und Verwaltung gleichermaßen unterliegen. Die Bewältigung der Verkehrsproblematik ist eine permanente Herausforderung an Politik und Verwaltung. Sozialer und medizinischer Fortschritt und damit zusammenhängende demografische Veränderungen stellen unser Wohlfahrts- und Gesundheitssystem vor neue Aufgaben und Ansprüche, deren Finanzierung ein besonders wichtiger Aspekt ist. Die Diskussion darüber wäre seriös zu führen.

Im Gegensatz zur Privatwirtschaft fehlte im öffentlichen Verwaltungsbereich in der Vergangenheit vielfach der Anreiz zur Innovation. Kundenbindung, Schlüsselkompetenzen oder die Erschließung neuer Geschäftsbereiche gehörten nicht zum traditionellen Selbstverständnis des öffentlichen Sektors. Output- und Kundenorientierung waren nicht die wichtigsten Faktoren, wo es – anders als in der Privatwirtschaft – tatsächlich oder scheinbar keine Konkurrenz gab. Sehr lange beschäftigte man sich in den öffentlichen Verwaltungen mehr mit internen Abläufen als mit der Außenwirkung. Marktforschung, die Pflege von Kundenbeziehungen spielten für Monopolisten eine untergeordnete Rolle. Die neuen Technologien und das veränderte politische und ökonomische Umfeld haben eine Trendwende eingeleitet.

Vor diesem Hintergrund und im Kontext mit den sich immer rascher verändernden gesellschaftlichen und technologischen Rahmenbedingungen sind das Selbstverständnis und die Strukturen der öffentlichen Verwaltung immer wieder neu zu positionieren. Anders als früher ist die Bevölkerung heute immer weniger dazu bereit, sich mit einem Service zufrieden zu geben, das sie für unangemessen, minderwertig, langsam oder unpersönlich hält. Kundenorientierung und Effizienz, Qualität, Komfort und Geschwindigkeit sind maßgebliche Kriterien. Wir müssen noch besser, schneller und flexibler werden. Wir müssen auf veränderte Rahmenbedingungen, neue gesellschaftliche und technische Entwicklungen, wirtschaftliche Veränderungen und wechselnde Kundenwünsche adäquat reagieren können. Die öffentliche Verwaltung steht für Verlässlichkeit, Berechenbarkeit und Rechtssicherheit, und sie wird als Dienstleistungsunternehmen am Niveau der besten privaten Anbieter gemessen. Dieser Herausforderung muss sie sich stellen. Wien hat diese Herausforderung angenommen.

Eugen Hauke

Zukunftsperspektiven für das österreichische Gesundheitswesen

Spannungsfelder und Herausforderungen

Dem österreichischen Gesundheitswesen wird eine hohe Zufriedenheit seitens der Bevölkerung attestiert. Im EU-Vergleich liegt Österreich mit „Sehr gut"-Bewertungen an der Spitze, mit „Sehr gut"- und „Gut"-Bewertungen an zweiter Stelle. Auch die WHO bestätigt, dass von den 191 Mitgliedsländern Österreich den 9. Rang einnimmt. Ebenso hat sich der Gesundheitszustand der Bevölkerung deutlich verbessert, die Säuglingssterblichkeit ist zurückgegangen und die Lebenserwartung gestiegen.

Die Kosten des Gesundheitswesens werden in den meisten Statistiken zwar nur mit etwa 8 Prozent des BIP ausgewiesen, doch scheinen effektiv etwa 10 Prozent aufgewendet zu werden. Die weitere Finanzierung in Anbetracht steigender medizinischer Möglichkeiten insbesondere aufgrund des technischen Fortschritts und eines steigenden Niveaus der Anforderungen gerät immer wieder in politisch und medial widergespiegelte Diskussion. Das Ergebnis ist eine in Verunsicherung geratende Bevölkerung.

Betrachtet man die Gesundheitsversorgung in Österreich im Vergleich, so stellt sich heraus, dass ein Teil der Gründe für die hohen Ausgaben auch in einem strukturellen Überangebot an Krankenhausbetten liegen dürfte (Österreich-Durchschnitt: mehr als 6 Betten/1000 Einwohner – EU-Durchschnitt: 4,6 Betten/1000 Einwohner), aber ebenso in einer überdurchschnittlichen Dichte der Großgeräte wie Computer-Tomographen bzw. Kernspin-Tomographen. Ein weiteres Optimierungspotenzial dürfte in einem Abbau der derzeit getrennten Sektoren der intra- und extramuralen Versorgung liegen, das mit 15–20 Prozent beziffert wird.[50]

Es erscheint in Anbetracht hoher Optimierungspotenziale, die nur andeutungsweise angesprochen wurden, und dem hohen Ausgabenniveau für das Gesundheitswesen in Österreich im EU-Vergleich nur schwer vertretbar, die Ausgaben über Erhöhung der Krankenkassenbeiträge, Steuerfinanzierung oder über Selbstbehalte weiter in die Höhe zu schrauben. Zuerst müssen die offensichtlich vertretbaren Maßnahmen, die bekannt – wenn auch schmerzlich umzusetzen – sind, weitgehend ergriffen werden. Damit würden aber Finanzmittel freigespielt werden können, die für medizinischen Fortschritt und erhöhtes Anspruchsniveau wieder einzusetzen wären.

Doch darüber hinaus bedürfte das Gesundheitswesen einer grundsätzlich neuen Orientierung, an das sich politische Strategien ausrichten sollten.

Die Neuorientierung[51]

Eine eminente Herausforderung für alle Beteiligten im Gesundheitswesen in der nahen und fernen Zukunft wird die zunehmend stärkere Orientierung an den individuellen Bedürfnissen, Erkenntnissen und Erfahrungen der Bevölkerung und damit der potenziellen Patienten darstellen.

---

[50] Die Daten wurden dem Tätigkeitsbericht des Rechnungshofes 2002, Wien 2003 entnommen.

[51] Vgl. Hauke, E. et al, Leitfaden Patientenorientierung, Wien 1997; vgl. Lakomy, D., Was kann und soll ein Bürger vom Gesundheitswesen fordern, in: Die Zukunft des Gesundheitswesens, Wien 1998.

Patientenorientierung heißt demnach, dass im Rahmen eines therapiekonformen Betreuungsprozesses alle daran Beteiligten sich bemühen, die Erwartungen und Bedürfnisse der Patienten kennen zu lernen.

Erforderliche Veränderungen

Das heißt, dass nicht mehr die Angehörigen der Gesundheitsberufe dominierend nach dem Motto „Wir wissen schon, was für die Patienten gut ist" definieren, sondern dass verstärkt Erwartungswerte des Einzelnen in die Gestaltung des Gesundheitssystems und in den einzelnen Betreuungsprozess einfließen werden müssen. Daher werden diese Erwartungen eine zunehmende Bedeutung erlangen. Es wird zu untersuchen sein, ob und inwieweit diese Erwartungen erfüllt werden sollen und können. Medizinisch-pflegerisches Fachwissen sowie das Know-how der Leistungsanbieter werden gewissenhaft gegenüber den Interessen der Bevölkerung als (einzige!) Zahler abzuwägen sein, im Hinblick darauf, welche Erwartungen zu erfüllen sind und welche Folgerungen daraus – einschließlich der erforderlichen Finanzierung – zu ziehen wären. Überhöhte, nicht erfüllbare Erwartungen sind in einen Kommunikationsprozess einzubeziehen, der mit der Bevölkerung verstärkt und sachorientiert zu eröffnen ist. Dadurch kann leichter eine Kongruenz von Erwartungswerten und Erfüllungsgrad erzielt werden; dies entspräche dann einer hohen Zufriedenheit.

Die Voraussetzungen

Patientenorientierung hat als Voraussetzung:

- Umfassende und für die Patienten verständliche Information,
- Einbeziehung der Patienten und ihre weitgehende Beteiligung am Behandlungsprozess,
- Abstimmung der Patientenerwartungen mit dem diagnostisch-therapeutisch, pflegerisch, rechtlich und wirtschaftlich Möglichen,
- weiterhin motivierte und befähigte Mitarbeiter und schließlich
- eine darauf abgestimmte Organisation.

Diese Grundbedingungen klingen zwar selbstverständlich, doch sind umfassende Veränderungsprozesse einzuleiten. Allein die Informationen, die die Patienten brauchen und zu einem immer größeren Teil auch wollen, in einer verständlichen Form allen zugänglich zu machen und auch nahe zu bringen, stellt eine nicht zu unterschätzende Herausforderung für die Gesundheitsberufe dar.

Das Einbeziehen des Patienten in den Behandlungsprozess bedeutet für einen beträchtlichen Teil der Patienten einen Wandel – sich selbst zu unterstützen. Nicht das „Geschehenlassen“ steht damit mehr im Mittelpunkt, sondern die aktive Mitgestaltung des Gesundheitsprozesses. Damit übernimmt auch der Patient eine neue Rolle, er wird zum lernenden Patienten, der mit entscheiden, mit gestalten kann und soll. Der Abstimmungsprozess von Patienteninteresse mit den Möglichkeiten ist stark auf die Kommunikation der Beteiligten ausgerichtet, die eine andere Qualität und Intensität erreichen muss, um Verständnis beim Einzelnen über die Grenzen und Möglichkeiten der Bedeutung erreichen zu können.

Die Konsequenzen

Die damit verbundene Rolle der Mitarbeiter hinsichtlich ihrer erworbenen hohen Qualifikation als Voraussetzung und die Motivation, auch regelmäßig dementsprechend bestmöglich zu handeln, setzt eine verstärkte Auseinandersetzung mit den Mitarbeitern voraus.[52] Bestehende fachliche und persönlichkeitsorientierte Voraussetzungen sind immer wieder zu hinterfragen. Das hohe Maß an Veränderungen in der jeweiligen Profession und das Erfordernis, auf dem letzten Stand zu bleiben, müssen sich auch in einem Reglement wiederfinden und sind zu evaluieren.

Eine zukünftige Organisation wird wesentlich stärker prozessual auszurichten sein, um nicht Schnittstellen in der Versorgung bzw. der Finanzierung weiter aufrechtzuerhalten, die nicht im Sinne der einzelnen Patienten und somit auch nicht im Sinne der Patientenversorgung liegen. Dies betrifft sowohl die Organisation in den Gesundheitseinrichtungen wie auch die integrative Betreuung im extramuralen Bereich.[53]

---

[52] Vgl. Leuzinger, A., & Luterbacher; Th., Mitarbeiterführung im Krankenhaus, 3. Auflage, Bern 2001.

[53] Vgl. Haubrock, M., & Schär, W., Betriebswirtschaft und Management im Krankenhaus, 3. Aufl., Bern 2002, S. 38 ff.

Das Ergebnis

Damit wird

- der menschlichen Würde,
- der Forderung nach umfassender Qualität in der gesundheitlichen Versorgung,
- dem Bedürfnis der Mitarbeiter, eine zufrieden stellende Leistung zu erbringen,
- dem Bedarf nach Weiterentwicklung des Gesundheitswesens

entsprochen.

Die Herausforderung, den zukünftigen Ansprüchen gerecht zu werden, ist nur durch eine dynamische Inangriffnahme von immer schneller werdenden Veränderungsprozessen zu bewältigen. Alle Beteiligten werden sich darauf einzustellen haben, um die Neuorientierung zu gewährleisten.

Elemente der Neuorientierung

Die nachfolgenden Überlegungen sollen die angestrebten Ergebnisse der Neuorientierung darstellen. Sie werden vermutlich auf weitgehende grundsätzliche Zustimmung stoßen. Erst wenn die Beteiligten im Gesundheitswesen erkennen, dass auch sie eine mehr oder minder große Veränderung bei sich selbst einleiten müssen, wird die Diskussion entflammen. Sollten einzelne Thesen wider Erwarten nicht breite Zustimmung finden, so wäre ein Diskussionsprozess wünschenswert, um zumindest die angestrebten Ziele der Veränderungsprozesse weitgehend außer Streit stellen zu können.

Bewahren und entwickeln

Die Tradition des Gesundheitswesens beruht auf der sozialen Sicherheit. Dadurch soll weiterhin eine medizinisch notwenige, solidarisch finanzierte, definierte Versorgung schwellenfrei sichergestellt werden, die gesellschaftspolitisch einem Diskussionsprozess zu unterziehen ist.

Eine funktionierende Solidargemeinschaft zu erhalten und in den gesamten Komplex der sozialen Sicherheit auch das Gesundheitswesen einbeziehen zu lassen ist in Hinblick auf weitere unabdingbar erforderliche Umverteilungen nicht ohne gesellschaftspolitischen Diskussionsprozess aufrechtzuerhalten.[54]

Absehbare Entwicklungen in der Alterspyramide, ein damit verbundener notwendiger Ausgleich der Belastungen auf jene Bevölkerungsgruppen, welche die Bereitschaft und die Möglichkeit haben, auch vermehrt zu leisten, und damit das Erschließen neuer, als gerecht empfundener Finanzierungsquellen sind damit im hohen Rahmen der Demokratiepolitik unabdingbar. Solidarisch finanziert sagt noch nicht aus, wie die Solidarbeiträge zustande kommen. Die Heranziehung von Vermögenswerten, fixe „Pro-Kopf-Beiträge" mit staatlicher Unterstützung sozial Schwächerer, degressiv einkommensabhängige Beiträge, die Höchstbemessungsgrundlage, zumutbare Selbstbehalte etc. sind einige Varianten, zu denen man sich in manchen Ländern entschlossen hat und die auch in Österreich einem breit angelegten Überlegungsprozess zu unterziehen wären.[55]

Traditionell hat sich in Österreich ein nicht allseits transparentes Spektrum der solidarisch finanzierten Leistungen ausgeprägt, das den weitaus überwiegenden Teil des nachgefragten, gesundheitlich Erforderlichen abdeckt. Zahnersatz und Verschönerungschirurgie z. B. sind als weitgehend selbst zu finanzieren akzeptiert. Erweiterungen und Beschränkungen des derzeitigen Leistungsspektrums stehen aber derzeit nicht in demokratiepolitischer Diskussion. Veränderungsprozesse geschehen – wenn überhaupt – weitgehend unter Ausschluss der Öffentlichkeit.

Im internationalen Vergleich, bestätigt von prominenten Begutachtungen, wird Österreich aufgrund des schwellenfreien Zugangs zu Gesundheitsleistungen als vorbildlich angesehen. Dies aufrechtzuerhalten liegt im Interesse von fast allen. Etwas differenzierter wird die Frage des schwellenfreien Zuganges zweifellos dann zu beurteilen sein, wenn offen diskutiert wird, dass dies auch zu einem Überkonsum von medizinischen Leistungen führen kann. Dabei sind Frequenzen im interna-

54 Vgl. Wallner, J., Live or let die?, Wien 2002.

55 Vgl. Oberender, P., & Heissel, A., Die künftige Finanzierung von Krankenhausleistungen, in: Eichhorn, P., & Seelos, H. S., & von der Schulenburg, J. M., Krankenhausmanagement, München, Jena 2000.

tionalen Vergleich möglicherweise ein Anlass, ganz einfach nachzudenken. Es geht nicht darum, Schwellen für „berechtigte" Gesundheitsleistungen einzuführen, sondern positive Anreize für die Vermeidung von Überbeanspruchung.

Das erste Element zielt also auf eine Weiterführung und Veränderungen ab, die aber aus einem gesellschaftspolitischen Diskussionsprozess resultieren sollen. Nur: Ohne sich auf die Zukunft vorzubereiten, ohne begreifen zu wollen, dass die Zukunft nicht ohne Veränderungen zufrieden stellend bewältigt werden kann, wird die derzeitige Zufriedenheit der Bevölkerung nicht aufrechterhalten werden können.

Die demokratiepolitische Entwicklung im hoch sensiblen Gesundheitsbereich wird, wenn man die internationale Entwicklung betrachtet, die bisherige zu geringe Einbeziehung der Bevölkerung nicht weiterbestehen lassen. Mitbestimmung, Mitgestaltung werden nicht aufzuhalten sein. Der lernende (potenzielle) Patient wird es sich nicht nehmen lassen, ungefiltert an der Gestaltung des Gesundheitswesens teilhaben zu können. So sind perspektivisch Patientenvertreter in Aufsichtsräten durchaus vorstellbar. Proaktives Agieren wäre vorteilhafter als verspätetes Erkennen und Reagieren in diesem vorhersehbaren Entwicklungsprozess.

Die Rolle des Financiers

Der Bürger ist Koproduzent seiner Gesundheit, braucht mehr Wahlfreiheiten und soll auch über seine finanziellen Belastungen mitentscheiden können.

Den Bürger in den Prozess „Gesundheit" als Koproduzenten mit einzubeziehen bedeutet eine Veränderung des Verhältnisses Health Professional – Patient in Richtung einer Partnerschaft, aber auch eine Teilübertragung der Verantwortung für die Gesundheit bzw. ein Bewusstmachen, wer primär für die Gesundheit verantwortlich ist. Bei einer fachlichen Überforderung, aber auch zur Unterstützung Gesunder und insbesondere bei erforderlichen medizinisch-pflegerischen Leistungen Kranker zur Wiederherstellung hat der Health Professional nach wie vor seine Bedeutung, die unbestritten bleibt.

Inwieweit ausgewählte Bereiche der Gesundheitserhaltung (z. B. medizinische *Wellness*) in einen neu zu definierenden Gesundheitsbereich hineinwachsen werden, ist heute nicht absehbar, aber Indizien von neuen Berufsbildern, Ausbildungen und Allokationen an Gesundheitseinrichtungen zeigen das auf.[56]

Die freie Arztwahl ist eine von der Bevölkerung geschätzte Tradition, auch die des Krankenhauses im erforderlichen Fall. Allerdings ist das Angebot häufig noch nicht differenziert genug und zumindest nicht allseits transparent gemacht. Zwar wird der Vielfalt in manchen spezifischen Bereichen (z. B. Geburtshilfe) Raum gegeben, doch beschränkt sie sich auf wenige Beispiele. Der Angebotswettbewerb wird zunehmen, daraus resultierende Vorteile werden für manche zur Existenzfrage werden.

Ein erhöhtes, aber auch zum Teil differenziertes Anforderungsverhalten und das Erwartungsniveau soll sich auch in der Zahlungsbereitschaft widerspiegeln. Das Aufrechterhalten der „gleichen Medizin für alle" steht dem nicht entgegen, muss aber trotz Differenzierung des Leistungsangebotes im Auge behalten werden. Mitentscheidung der Bürger ist zumeist ihrem direkten Einflussbereich entzogen und wird über die Selbstverwaltungskörper bzw. die Politiker ausgeübt. Eine stärkere Bürgerbeteiligung an der Gestaltung lässt sich, wenn man internationale Trends verfolgt, erwarten. Proaktives Agieren würde die noch mögliche Freiheit bei Neugestaltung und Mitbestimmung wahren helfen.[57]

Den Interessenausgleich steuern

Zur Steigerung der Anpassungsfähigkeit der Elemente des Gesundheitswesens sind Steuerungsmechanismen zu implementieren. Die gesundheitspolitischen Stakeholder sollen die Fülle der Interessen und Positionen im Gesundheitswesen effizient in den Betreuungsprozess integrieren.

Jedes Gesundheitssystem ist dynamisch an Entwicklungen und Erwartungen anzupassen. Einzelne Veränderungen im Detail bzw. Nachjustierungen führen nicht immer zu einem insgesamt zufrieden stellenden Ergebnis. Dafür sind vielmehr Steuerungsmechanismen einzurich-

---

[56] Vgl. Güntert, B., Das Krankenhaus der Zukunft – Haus der stationären Versorgung oder Gesundheitszentrum, in: ÖKZ, Sonderheft Nr. II A Wien, 1996, S. 35ff.

[57] Siehe auch Gerlach, F. M., Qualitätsförderung in Praxis und Klinik, Stuttgart, 2001.

ten, die im österreichischen System weitgehend zu schwach ausgeprägt sind. Erst ihre ausreichende Implementierung wird erlauben, dass die gesundheitspolitischen Interessenträger dazu veranlasst werden, nicht ihre eigenen Interessen im Vordergrund zu halten, sondern sich den Notwendigkeiten zuzuordnen, die aus einer gelebten Patientenorientierung resultieren. Es gibt eine Fülle von Interessen der Health Professionals, die sich heute von einander widersprechend bis zu einzelpositionserhaltend darstellen lassen. Sie gilt es, in den umfassenden Gesamtbetreuungsprozess zu integrieren, der den Health Professionals morgen abverlangt wird.[58]

Stärkung des Hausarztsystems

Eine deutliche Stärkung der hausärztlichen Funktion mit integrativen Aufgaben des Gatekeeping verbessert den Prozess der erforderlichen Gesundheitsleistungen.

Es gibt viele Modelle im internationalen Vergleich, welche die Betreuung Suchenden unterstützen, wenn diese als „des Systems unkundige Kranke“ die für sie richtigen Ansprechpartner für erforderliche Gesundheitsleistungen suchen.[59] Eine für unsere Tradition verträgliche Möglichkeit wäre, die „Hausärzte“ in dieser Funktion zu stärken.

Sie hätten, nach internationaler Bezeichnung *„Gatekeeper“* genannt, verstärkt für eine den Patientenbedürfnissen entsprechende Steuerung und Begleitung bei einer möglichst schnittstellenfreien Betreuung Kranker Sorge zu tragen. Allerdings sind bei diesem Prozess in verstärktem Ausmaß Anreiz- und Sanktionssysteme zu integrieren, um die Gesamtinteressen, wie z. B. Vermeidung von Überversorgung, wirksam umsetzen zu können. Die prozessuale Betrachtungsweise bewirkt bei den Beteiligten ein Umdenken, das nicht zu unterschätzen ist. Daher sind ausreichend Begleitmaßnahmen vorzusehen, die diesen Veränderungsprozess erst ermöglichen werden.

---

58 Vgl. Busse, R. & Schleite, S. (Hrsg.), Gesundheitspolitik in Industrieländern, Trends und Analysen 1/2003, Gütersloh, 2003.

59 Siehe auch Streit, W., Der Hausarzt als Primärversorger und Lotse im Versorgungssystem – Stand der Praxis und Entwicklungschancen, in: Gesundheitsmonitor 2003, Gütersloh, 2003.

Wirksamer Ressourceneinsatz

Notwendigkeiten wie Forschung und technischer Fortschritt, aber auch die demografische Entwicklung bedingen intensive Bemühungen aller Beteiligten um einen wirksamen Ressourceneinsatz, dessen Wirkung durch positive Anreizmechanismen verstärkt werden würde.

Forschung in der Medizin ist unbestritten wichtig und wird aufgrund der neuen Entwicklungen noch an Bedeutung gewinnen. Ethische Fragen, wie z. B. in der Umsetzung der Ergebnisse der gentechnischen Forschungen, aber auch jene der Frage der Rezeption des medizinischen Fortschrittes werden gesellschaftspolitisch z. B. mit Hilfe von Methoden des *Health Technology Assessments* (HTA) Interessierten transparent, nachvollziehbar und objektivierbar zu machen sein.[60]

Die demografische Entwicklung wird – entgegen kolportierter Medienmeldungen – zu keiner Explosion von Gesundheitsleistungen und damit -kosten führen. Es gilt nämlich als wissenschaftlich erwiesen, dass nicht das zunehmende Alter der Bevölkerung den angenommenen „Kostentreibereffekt" im Gesundheitsbereich hervorruft, sondern nur die allerletzten Lebensmonate – unabhängig vom Lebensalter! – entscheidend sind. Dadurch ist zwar eine finanzielle Mehrbelastung der Bevölkerung zu erwarten, diese scheint sich aber in einem leistbaren Rahmen zu halten.[61]

Zu bedenken ist allerdings, dass der Ressourceneinsatz im Gesundheitswesen derzeit sicher noch nicht den Wirksamkeitsgrad hat, der wünschenswert ist und messbar erscheint. Vergeudung von Finanzmitteln ist das Ergebnis. Die Diskussion über die geschätzte Höhe der Verschwendung ist differenziert und nur aus den jeweiligen Standpunkten verständlich. Jedenfalls ist sie aber beachtlich, und intensive Bemühungen zur Vermeidung sind unabdingbar und erforderlich. Mechanismen, die dafür sorgen, dass die Anstrengungen deutlich intensiviert werden, sind dringend zu verstärken. Nicht zuletzt auch deshalb, um durch eine

60 Vgl. Hauke, E., & Holzer, E., Das Menschenbild vom Patienten als Herausforderung für das Management im Gesundheitswesen, in: Pracher, Ch., & Strunz, H. (Hrsg.), Wissenschaft um der Menschen willen, Berlin 2003, S. 263 ff.

61 Felder, St., & Zweifel, P., Alter allein ist kein Kostenfaktor, in: NZZ Focus: Der Preis der Gesundheit, Zürich 2003.

Erhöhung des Wirksamkeitsgrades des Ressourceneinsatzes die Forschung und die Rezeption des technischen Fortschrittes auch zu ermöglichen, ohne diese finanziellen Erfordernisse gleich wieder auf die Financiers (sprich: die Bevölkerung) abzuwälzen.[62] Um die Wirkung patienten- oder auch gesundheitssystembedingter Verhaltensweisen zu forcieren, sollten Anreiz- und/oder Sanktionsmechanismen verstärkt implementiert werden. Nur durch sie werden nachhaltige Erfolge erzielbar sein.

Eine andere Finanzierung?

Die leistungsorientierte Finanzierung ist nicht der Weisheit letzter Schluss, da sie naturgemäß Anreize zu mehr Leistungen setzt.

Zwar klingt „leistungsorientierte Finanzierung" modern und gerecht, doch ist sie im Gesundheitssystem auch gefährlich, da der Patient nicht selbst die für ihn erforderlichen Leistungen definieren kann. Daraus ergibt sich die Versuchung von Health Professionals und Gesundheitseinrichtungen, die Optimierung bzw. Maximierung von Leistungen anzustreben. Der üblicherweise in der Wirtschaft funktionierende Mechanismus der Regulierung von Angebot und Nachfrage funktioniert nicht in gleicher Weise. Und darin lauert die Gefahr zum Erbringen nicht erforderlicher Leistungen, die weder im Interesse des Patienten noch des Gesamtsystems liegen. Alternativen wie z. B. pro Kopf der Bevölkerung eine bestimmte Summe der Gesundheitsleistungen zur Verfügung zu stellen, erscheinen zumindest diskussionswürdig, zumal in Ländern, wo dies bereits praktiziert wird, sich diese Finanzierungsform zu bewähren scheint.[63]

Die Gemeinsamkeiten früh stärken

Bei Aus- und Fortbildung der Gesundheitsberufe ist verstärkt die gemeinsame Aufgabenstellung mit unterschiedlichen Rollenverteilungen vorzusehen.

Die bisherige Ausbildung für Gesundheitsberufe erfolgt getrennt. Gleichsam „eifersüchtig" wird der jeweils eigene Berufsstand von den anderen abgegrenzt, damit es bloß zu keinen „Grenzüberschreitungen"

62 Siehe auch: Hauke, E., Controlling im Krankenhausbetrieb, in: Friedrichsmeier, H., New Public Management, Wien 2000, S. 72 ff.

63 Vgl. Busse, R., & Schlette, S. (Hrsg.), Gesundheitspolitik in Industrieländern, Trends und Analysen 1/2003, Gütersloh 2003.

kommt. Die Grundidee, dass es sowohl in und vor allem nach der Ausbildung darum geht, denselben Patienten mit den unterschiedlichen – der jeweiligen Berufsgruppe eigenen – Dienstleistungen gemeinsam zu versorgen, kommt im Alltag zu kurz. Das Voneinander-Abgrenzen dominiert gegenüber dem Gemeinsamen; einzelne therapeutische Aufgaben entweder von der einen oder von der anderen Berufsgruppe ausüben zu lassen übersteigt zumeist das Vorstellbare.

Die große Chance, an einer medizinischen Universität die wesentlichsten Gesundheitsberufe – abgestuft – im Sinne von Gesundheitswissenschaften auszubilden (Ärzte, Gesundheits- und Krankenschwestern, medizinisch-technische Dienste) wurde versäumt. Nun gilt es, neue Chancen für das Gemeinsame zu suchen und zu nutzen.

Die Ausbildung zu Gesundheitswissenschaften wurde, im Vergleich zum Ausland verspätet, erst im letzten Jahr und von keiner traditionellen Universität, sondern von der privaten Universität in Innsbruck (UMIT) initiiert.[64]

Die Fortbildung insbesondere für Führungspositionen erfolgt zum Teil bereits gemeinsam für die Berufsgruppen, zum anderen gibt es nach wie vor Berührungsängste. Dass in Führungsfunktionen ganz naturgemäß Berufsgruppen übergreifend zu wirken haben, wird nicht immer als selbstverständlich angesehen. Das Führungsmodell der Kollegialen Führung ist dafür als typisch anzusehen. Ebenso bestehen Organisationsformen nach wie vor eher mit berufsständischem Charakter als an den gemeinsamen Aufgaben orientiert. Dies dient nicht einer zweckmäßigen Organisationsform, geschweige denn einer Prozessorientierung. Management als eigener Beruf, abgekoppelt vom Quellberuf, wird sich für Dienstleistungsbetriebe, wie es Krankenhäuser sind, erst entscheidend durchzusetzen haben.

Den Schnittstellenabbau forcieren

Mehr Flexibilität bei allen Systembeteiligten im Gesundheitswesen.

Traditionell war das Gesundheitswesen im Vergleich zu anderen europäischen Staaten nicht von dynamischer Entwicklung geprägt. Trotz seiner außer Zweifel stehenden Qualität werden die zukünftigen Anforderungen anders gestaltet sein als gestern und heute. Die Strukturen werden

---

64 Siehe auch: www.umit.at

sich an möglichst schnittstellenfreien Prozessen zu orientieren haben, Krankenhäuser werden sich von „Reparaturbetrieben" in Unternehmen für Gesundheitsdienstleistungen einschließlich Prävention und Gesundheitsförderung auf Anbietermärkten entwickeln. Für viele Health Professionals ist dies heute kaum oder nur mit großen Befürchtungen vorstellbar. Der Financier wird dies durch seine artikulierten Bedürfnisse herausfordern.[65]

Den Erfolg von Gesundheitsdienstleistungen messbar machen

Die letztlich entscheidende Frage nach dem Ergebnis von Betreuungsleistungen muss für die Gesundheitsberufe und die Patienten zunehmend transparent werden und ist das Qualitätskriterium.

Bisher wurde zur Kenntnis genommen, dass, abgesehen von wissenschaftlichen Studien, das Ergebnis von Gesundheitsdienstleistungen unbekannt ist. Die Messung der Ergebnisse – *Outcome* – kommt, vielleicht auch, weil sie sehr komplex und schwierig ist, zu kurz. Bei Health Professionals und bei Patienten taucht aber immer häufiger die Frage auf, was welche Behandlung bringen soll und gebracht hat. Die Konzepte wurden entwickelt, ihr Einsatz im größeren Umfang steht aus. Dennoch wird es nicht ausbleiben, dass vermehrt der Erfolgsnachweis eingefordert wird. Eine pragmatische Umsetzung der Outcome-Messung ist hoch an der Zeit.

Schlussbemerkung

Prophetenhafte Vorhersagen sind weder das Metier der Wissenschaft noch das des Managements. Doch haben Verantwortungsbewusste im Gesundheitswesen die Verpflichtung, rechtzeitig Entwicklungen und Notwendigkeiten zu erkennen. In den vorangegangenen Überlegungen wurde versucht, dieser strategischen Herausforderung möglichst wertfrei, aber im Sinne des Patienten gerecht zu werden. Es gilt nicht, abzuwarten, was passiert, sondern alle Beteiligten sind aufgefordert, zu werten und zu handeln. Nur so können die Herausforderungen erfolgreich bewältigt und der Zufriedenheitsgrad mit dem Gesundheitswesen aufrechterhalten werden.

---

[65] Lohmann, H., & Becker, K., & Seidel-Kwem, B. (Hrsg.), Gesundheit unternehmen: Band 1, Wegscheid 2002.